南昌行營
政治工作報告
（一）

Generalissimo's Nanchang Field Headquarter

Political Reports

Section I

目錄

導讀

蘇聖雄
中央研究院近代史研究所助研究員

一

　　南昌行營，以蔣介石發動新生活運動的發起地為人所知，1934 年 2 月 19 日，蔣介石在南昌行營擴大紀念週上發表〈新生活運動之要義〉之演講，新生活運動正式揭開序幕。此外，南昌行營作為國民政府對中國共產黨進行大規模圍剿的總司令部，亦廣為人知。

　　南昌行營是怎麼樣的組織？論其源流，可從古代中國說起。中國幅員廣闊，對地方事務，中央時有鞭長莫及之感，故常派遣人員至地方巡查，或於地方設置機關監督管理。以唐代制度而言，全國區分十道，派觀察使監察州縣地方政府，實際上長駐地方，成為地方更高一級之長官。此種監察使若為巡視邊疆，於邊防重地停駐下來，中央對地方事務得隨宜應付，臨時全權支配，稱為節度使，指揮軍事，管理財政，甚至掌握地區用人大權。始於元代的行省制度，亦本中央擴權延伸之旨，時中央有中書省之機關，即中央的宰相府，「行省」即「行中書省」，中央派出機構駐紮在外，藉以軍事控制、集權中央，乃至清代之總督巡撫，亦類於此，初設

乃為臨時掌管軍事，其後常川駐紮地方。[1]

行營為中央力量向地方擴張的一種組織，偏重軍事層面。「行營」一辭於中國歷史中，泛指某軍事長官出征到外地臨時組建之軍營，為軍事長官之駐地辦事處。[2]「行營」之制度化，最早在唐代安史之亂以後。安史亂前，雖已有行營，但尚未普遍化形成制度，如唐玄宗天寶六年（747）「特敕仙芝以馬步萬人為行營節度使往討之」，此處之「行營節度使」為玄宗「特敕」成立，說明派軍出征而稱行營，為特殊情況之權宜辦法。安史之亂以後，唐肅宗乾元元年（758），任命李嗣業為鎮西、北庭行營節度使屯河內，「行營」節度使成為一種制度，為相對「本鎮」之軍事機關，[3]此後歷代沿用，不過各朝之行營性質續有變動。[4]

清末以降，地方主義興起，[5]及至民國初年各軍系

1 錢穆，《中國歷代政治得失》（臺北：東大圖書公司，2001），頁 54-56、130-133。

2 三民書局出版的《大辭典》「行營」條有四義，一為奔走營求，二為巡視軍營，三為出征時的軍營，四為軍事長官駐地辦事處。參見三民書局大辭典編纂委員會編，《大辭典》，冊 3（臺北：三民書局，1985），頁 4279。中國文化大學出版的《中文大辭典》「行營」條亦有四義，一為唐代節度使之軍營，二為出征時之軍營，三為營治，四為出兵。參見張其昀監修，《中文大辭典》（臺北：中國文化大學出版部，1993九版），頁 559。

3 張國剛，〈唐代藩鎮行營制度〉，《唐代政治制度研究論集》（臺北：文津出版社，1994），頁 175-196；孟彥弘，〈論唐代軍隊的地方化〉，《中國社會科學院歷史研究所學刊》，輯 1（2001年 10月），頁 264-291。

4 五代、宋代之行營，可參見翁建道，〈五代行營初探〉，《高應科大人文社會科學學報》，期 5（2008年 7月），頁 63-83；翁建道，〈宋真宗咸平時期鎮定高陽關行營之建立〉，《史學彙刊》，期 29（2012年 6月），頁 59、61-93。

5 胡春惠，《民初的地方主義與聯省自治》（北京：中國社會科學

割據，地方分權力量甚大，故中華民國中央政府建立以後，對地方之掌控特別留意。「行營」這樣的組織，便是中央政府對地方控制的一環，同時也具有軍事長官駐地辦事處之意義，如1923年初時為陸海軍大元帥的孫文，設陸海軍大元帥大本營，曾任蔣介石為大元帥行營參謀長。[6]

二

國民政府設立行營此一機關，最初在北伐途中，設有「國民革命軍總司令行營」，為行營制度化之始，有印信及專屬用牋。[7]由於蔣介石擔任國民革命軍總司令，該行營可視為蔣介石之行營。

國民革命軍北伐之後，軍事委員會、國民革命軍總司令部相繼撤銷，國民革命軍總司令行營隨之結束。1929年初，桂軍反抗中央，內戰爆發，4月，時任國民政府主席的蔣介石，根據〈中華民國國民政府組織法〉第一章第三條規定「國民政府統帥海陸空軍」，遂以國民政府主席之名義，組織陸海空軍總司令部，親兼總司令，同時為便於指揮作戰，貫徹軍事作戰命令，於全國各要地成立「陸海空軍總司令行營」，[8]作為總司令部

出版社，2011），頁1-13。

6　「孫中山手令特任蔣中正為大元帥行營參謀長」（1923年6月16日），〈蔣中正書法（影本）〉，籌筆，《蔣中正總統文物》，國史館藏，典藏號：002-011100-00001-095；郭廷以，《中華民國史事日誌》（臺北：中央研究院近代史研究所，1979），冊1，1923年6月16日條，頁730。

7　現藏於國防部國軍歷史文物館。

8　其印信現藏於國史館。

的派出指揮機關，行營益為制度化。[9]

　　陸海空軍總司令各行營設主任一員，由資歷深且具有相當指揮作戰能力的將領擔任。自1929年至1931年底，陸海空軍總司令部在全國計組建北平、武漢、廣東、洛陽、徐州、潼關、鄭州、南昌等行營。九一八事變後，蔣預備下野，陸海空軍總司令部進行組織調整，各總司令行營撤銷，改為各綏靖公署，總司令行營於焉結束。[10]

　　1932年初，蔣介石復出擔任軍事委員會委員長，於1933年2月7日開始籌設「軍事委員會委員長南昌行營」。1933年5月21日，軍事委員會委員長南昌行營成立，以熊式輝為行營主任，此為蔣介石身為委員長的行營，[11]即本史料系列所指稱之對象。

　　依據〈軍事委員會委員長南昌行營組織大綱〉（1933年6月24日頒布），第一條：「軍事委員會委員長為處理贛、粵、閩、湘、鄂五省剿匪軍事及監督指揮剿匪區內各省黨政事務之便利起見，特設南昌行營」，[12]可見該機關不但管轄範圍廣闊，所轄事務並不限於軍事，而及於各省黨政諸事務。事實上，其實際權

9　戚厚杰、劉順發、王楠編，《國民革命軍沿革實錄》（石家莊：河北人民出版社，2001），頁123。

10　張皓，〈形形色色的國民黨行營〉，《黨史博覽》，1995年第2期，頁46；戚厚杰、劉順發、王楠編，《國民革命軍沿革實錄》，頁123-124、140-141。

11　蘇聖雄，〈國史館數位檔案檢索系統之運用──以「行營」研究為例〉，《國史研究通訊》，期2（2012年6月），頁199。

12　蔡鴻源主編，《民國法規集成》，冊33（合肥：黃山書社，1999），頁398-399。

力不僅止法條規範，據當時擔任南昌行營審核處秘書的
謝藻生指出，南昌行營管轄範圍為江西、福建、浙江、
湖南、湖北、安徽、河南、江蘇、山東、陝西十個省及
上海、南京、漢口三個特別市，以及軍事委員會所屬的
軍政部、參謀本部，受管轄單位每月必須將人事、經費
送行營審核，為全國最龐大之軍事機構。[13] 又據親汪兆
銘的中國國民黨高層陳公博回憶：「蔣先生（蔣介石）
又以剿匪為名，請求中央把剿匪區域都劃給行營（南昌
行營），無論軍事、財政、司法，以及地方行政，一
概由行營辦理，因此行政院更是花落空庭，草長深院
了……行政院簡直是委員長行營的秘書處，不，秘書處
也夠不上，是秘書處中一個尋常的文書股罷了。」[14] 這
些回憶或有誇張之處，但南昌行營在當時的重要性，確
是不容輕忽。

　　南昌行營經過一年多的運行，達成其設置目的，
其監督指揮對中國共產黨之第五次圍剿，迫使共軍於
1934 年底退出贛南根據地，往西南「長征」。國民政
府隨即於 12 月組織「軍事委員會委員長行營參謀團」
入川，運籌、指導、督察四川剿共各軍之作戰，以原南
昌行營第一廳廳長的賀國光出任參謀團主任，可說是南
昌行營的延伸。[15]

13 謝藻生，〈我所知道的南昌行營〉，《世紀行》，1995年第1期，
　　頁36。
14 汪瑞炯、李鍔、趙令揚編註，《苦笑錄：陳公博回憶（1925-
　　1936）》（香港：香港大學亞洲研究中心，1979），頁329。
15 〈軍事委員會公布委員長行營參謀團組織大綱訓令〉（1934年
　　12月23日），收入中國第二歷史檔案館編，《中華民國史檔

　　1935 年初，江西共區經次第克復，南昌行營於1
月底結束。有鑑於南昌行營之成功，蔣介石擴大運用
行營制度，先將行營從南昌移駐武昌，後移四川，初
未冠上駐地名稱，皆稱「軍事委員會委員長行營」，[16]
1936 年兩廣事變結束後，建立廣州行營，始冠上駐
地名稱。[17] 1937 年全面抗戰爆發後，行營制度賡續推
廣。戰後 1946 年 5 月，隨著軍事委員會取消改設國防
部，軍事委員會委員長各行營改制為國民政府主席各行
轅，[18] 其下設若干「綏靖公署」，統一指揮對共產黨的
軍事行動，及綜整管轄區域之民政。[19] 1948 年 5 月 19
日，蔣介石即將就任中華民國總統，國民政府主席一職
撤銷，各地行轅復改為綏靖公署或歸併入各地剿匪總司
令部，[20] 至是行營（行轅）之設置歷史全部結束。

三

　　本系列係國民政府行營設置史上最重要的南昌行營
之史料彙編，這一集收錄「國民政府軍事委員會委員長

　　案資料匯編》，輯 5 編 1：軍事 1（南京：江蘇古籍出版社，
　　1991），頁 28-33；《中央日報》（南京），1934 年 12 月 30 日，
　　第 1 張第 2 版。
16 駐地重慶之行營，以賀國光為行營主任，正式稱呼未冠上駐地名
　　稱，然一般仍習稱為「重慶行營」。
17 「軍事委員會委員長廣州行營電國民政府」（1936 年 10 月 4 日），
　　〈軍事委員會各行營行轅官員任免（一）〉，《國民政府檔案》，
　　國史館藏，典藏號：001-032107-0040。
18 當時國民政府主席即蔣介石。
19 劉國新主編，《中國政治制度辭典》（北京：中國社會出版社，
　　1990），頁 387、391。
20 張憲文、方慶秋、黃美真主編，《中華民國史大辭典》（南京：
　　江蘇古籍出版社，2002），頁 727-728。

南昌行營處理勦匪省份政治工作報告」（以下簡稱「政
治工作報告」），計有二冊。

「政治工作報告」是南昌行營處理剿共省份政治工
作的報告，南昌行營第二廳所編，出版於 1934 年。南
昌行營雖屬軍事委員會，是個軍事機構，但正如其組織
大綱所示，所轄不限於軍事，而及於各省黨政諸事務。
蔣介石在數次圍剿共軍過程體認到單純以軍事力量無法
剿滅共軍，必須配合政治工作，爭取民心，力求整飭
剿共區域之政治措施，其作為便體現在「政治工作報
告」。一般認為國民政府不重視基層社會，遂為中國共
產黨所乘，其實蔣介石在南昌行營秘書長楊永泰的輔佐
之下，對這些政治工作皆有措意，即當時基本方針「三
分軍事，七分政治」之所由。

「政治工作報告」之內容大要，關於地方行政制度
有省府合署辦公辦法之釐訂、各省保安制度之改進、專
員制度之推廣與改善；關於民政有倡導自衛、整理積
穀；關於財政有確定預算；關於教育有創辦特種教育；
關於建設則督修公路，防止工潮，預防水旱災荒；關於
農村善後事項有推行農村合作，救濟農村金融，處理農
村土地，籌辦農村復興等。

「政治工作報告」之內容，有益讀者加深對南昌行
營之認識，就考察民國中央與地方之關係、國民政府對
基層的控制，乃至國民政府如何建構現代國家等種種課
題，相信亦有一定助益。川籍要員周開慶，晚年曾對行
營之重要性謂：

國民政府北伐成功，統一全國後，在中央與各省地
方間，常有一種中間性的軍政組織，承上轉下，
秉承中央政府的命令，督導轄區三數省份的軍政建
設工作。這種組織有時叫行營，有時叫行轅……在
過去軍政措施上收到不少的效果；以我國幅員廣
大……仍有採行的必要。研究以往的軍政體制，
我以為這種組織是最值得注意的。政府機關如國防
部、三軍大學、或國防研究院，應該指定專人，從
事蒐輯資料，作有系統的研究。研究我國現代軍政
制度的專家學者，拿這種組織作一個專題來研討，
也是很有意義的。[21]

對於加深行營研究，周開慶 50 年前已有倡議，惟
至今相關研究仍舊鮮少。民國歷史文化學社編輯部察知
行營重要性，先從最關鍵的南昌行營史料展開出版工
作，價值可觀，其意深遠，讀者讀之當可體會。

---

21 周開慶，〈重慶行營史話〉，《暢流》，46：11（1973年1月），
頁 8。

編輯凡例

一、本套書共二冊，收錄「國民政府軍事委員會委員長南昌行營處理勦匪省份政治工作報告」，依原文錄入。

二、標示【】者，為本社編輯部之編註。

三、原稿已有標點者予以保留，若無則加具標點。

四、錯字、漏字、贅字等均不予更動，異體字、俗寫字、通同字等一律改為現行字，無法辨識文字，以■表示。

五、本書史料內容，為保留原樣，維持原「匪」、「偽」等用語。

六、本書改直排文字為橫排，內容之如右（即如前）、如左（即如後）等文字皆不予更動。

七、部分附件因原稿即缺，故無法排印。

國民政府軍事委員會委員長
南昌行營處理勦匪省份政治
工作報告

第一　總說

　　■■■■披猖，於茲七載，荼毒人民，禍害家國，其為患不僅被匪省區，實足以威脅我民族之前途也。中正督師贛疆，負責圍剿，深知剿匪作戰，與尋常對敵不同，因有三分軍事，七分政治之剿匪政策的決定。用是行營方面對於剿匪政治設施之新的設計，除引用豫鄂皖三省剿匪總司令部有效成規，舉凡剿匪區內各種政治制度改革與推行，莫不竭其精力，博採周咨，並研求赤匪所以麻醉人民，欺騙人民之匪區政制，以為創制剿匪政治之客觀標準。一年以來，行營所用力最勤者，為一面集中力量，與赤匪爭取最大多數之善良民眾，凡赤匪欺騙壓迫之者，吾人必愛護救濟之而促其來歸；一面穩扎穩打，步步為營，並封鎖匪區物質，使其自行崩潰。前者為農村合作與救濟，土地處理，特種教育及招撫投誠等政策，後者即所謂碉堡公路政策及統制封鎖政策是。

　　此外對於其他剿匪省區之政治設施，亦力求其整頓與改善：關於政制則有省府合署辦公辦法之釐訂，各省保安制度之改進，專員制度之推廣與改善；關於民政則倡導自衛，整理積穀；關於財政則確定預計算，以求收支適合；關於教育則創辦特種教育，以應匪區民眾之需要；關於建設則督修公路，防止工潮，預防水旱災荒。凡茲種種，均已督促施行，克奏功效。所願本此基礎，基加努力，以期獲得最後之成功耳。

　　今者贛閩匪亂，次第削平，善後清鄉，更賴政治，此專為剿匪而設計之政治方案與其具體規章實有紀述保

存之必要。謹將行營一年來處理剿匪省份政治工作，擇
其最重要者，分項報告於後，幸垂鑒焉！

第二　關於地方行政制度事項
（附光澤、婺源之改隸）

甲、省政府合署辦公辦法之頒布

　　現行省組織法及縣組織法，頒布亦已數年，各省形式上雖已組織完成，而實際上辦事尚多困難，故改革地方政制，誠為刷新政治刻不容緩之圖，蓋現行制度之缺點，及其相沿而生之病態，語其大者，約有三端：

1. 就現制本身觀察，則為頭重腳輕，基礎不固，論組織則省龐大而縣縮小，論經費則省極鉅而縣極微，治官之機關太多，而治民之機關太少，一切政令，無法執行。

2. 就橫的方面觀察，各廳處駢肩而立，各成系統，各固範圍，各私財用，權則相爭，過則互諉，且一切設施，多以本廳處之立場為觀點，實缺乏抑己伸人，共維全局之精神，遂因彼此矛盾，致下級機關靡所適從，形成敷衍粉飾之弊病。

3. 就縱的方面觀察，省府與各廳處，縣府與各局科，均各截然兩級，中央部會往往認省之廳處為其直屬機關，省之廳處認縣之局科亦然，彼此直接行文，遂使省府與縣府不克層層節制，所謂主席代表省府監督所屬執行省政，各縣長綜理縣政之規定，乃均徒托空言。

　　綜上所述，在今日諳習政情者，固已皆知亟應矯正，甚至成為上下一致之要求，雖中央久議改革，然欲訂定全國皆可通行之省制，一時亦恐未易就緒，而剿匪

各省，事繁任重，本行營既已洞悉現制之癥結，實未便再事遲延，致失七分政治之作用，故於不離棄現行省政府組織法，及不牽動各省預算範圍以內，與各省政府往復商討，時及一年，彙合各方意見，均不外主張確定系統，集中權力，緊張工作，節約經費，以清除三大病原，因即本此制定省政府合署辦公辦法大綱，都十四條，以備中央澈底改革地方政制之張本，頒行以後，河南、湖北、安徽、江西、福建五省政府，均已呈報於本年九、十兩月先後實行矣。

省政府合署辦公辦法大綱

二十三年七月一日頒發

第一條　現行省政府組織法在中央未修正以前，為力謀地方政務之推進，保持省府意志之統一及增進一般行政之效率起見，特制定本大綱，實行省政府合署辦公辦法，凡左列各廳處概應併入省政府公署之內：

一、秘書處。

二、民政廳。

三、財政廳。

四、建設廳。

五、教育廳。

六、保安處。

第二條　現在省公署如尚無足以容納所屬各廳處者，應於可能範圍內盡量併入，至少先併入民政廳及保安處，其餘俟公署改建擴

充，再行陸續加入，但無論已未併入，其
辦公程序概依本大綱辦理。

第三條　除第一條所列各廳處外，現在一切直屬省
府之機關，應分別裁併或量為縮小，而改
隸於主管廳處。

前項機關如為推行特種要政之臨時組織，
應隆其職權，準照廳處待遇，而以直屬省
府管轄為便者，得暫不改隸，但應仍受主
管廳處之指導。

第四條　省政府合署辦公後，一切文書概由省府秘
書處總收總發，由主管廳處承辦，分別副
署或會同副署，簽呈主席判行，但主管廳
處依其職權監督指揮所屬職員或所轄機關
之事務進行者，在不抵觸省令之範圍內，
仍得自發廳令或處令。

第五條　省政府合署辦公後，省府所屬各廳處上對
中央院部，下對專員縣長或市長及其所屬
之科或局，均不直接往覆文書，概以省政
府之名義行之。

第六條　省政府合署辦公後，各廳處所擬之命令或處
分，經主席判行，而已以省政府之名義發布
者，如發覺有違背法令，逾越權限或其他不
當情形時，依左列之提議，經省政府委員會
之議決，仍得自行修正及分別停止或撤銷
之。

一、依省政府主席之提議者，

二、依主管廳處長之提議者，

三、依其他廳長處長或委員之提議者。

第七條　省政府合署辦公後，應依左列各原則澈底
改革：

一、各廳處及其所轄各機關之組織暨各科組
之職掌，應依現在實際之需要，重新劃
定，屬行裁併，務期系統分明，權責專
一，員額減少，工作緊張。

二、省府及各廳處之經費應集中管理，但金
錢或物品之會計一時不便完全集中者，
亦應酌定項目範圍，先行集中其一部或
大部。

三、省府及各廳處之文書應採科學管理方
法，務期迅速慎密簡便，每日每週文書
之收發及承辦尤應分類摘由列表，互送
各廳處長及主席查考，但特別機密事件
一時不宜宣佈，應由主席及主管廳處獨
負其責者，不在此限。

第八條　省政府合署辦公後，省府秘書處之改革，
除依前條規定裁併現有之組織，祇設科分
掌文書會計庶務等事項外，得酌設左列各
室，分別延用確有專長之人員組成之。

一、技術室　凡農工商礦水利土木及其他
各項事業，為各該省現在應行急辦
者，依其種類，應延用適當之技術專
家，分任調查設計，即各主管廳處提

　　　　　　出之技術事項，亦概交其審核，並負
　　　　　　指導督率之責。
　　二、　法制室　凡省政府或各廳處所擬發布之
　　　　　　法令及現行法令之修正廢止，應延用確
　　　　　　有專長者集中於法制室，分任調查草擬
　　　　　　及審核之責。
　　三、　統計室　置統計專門人員，凡各機關應
　　　　　　行搜集之材料，概交統計室依照畫一之
　　　　　　規定編成各項統計報告。
　　四、　公報室　置編譯及印鑄專員，凡各機關
　　　　　　發行之定期或不定期刊物，概交公報室
　　　　　　統一辦理，一切法令尤應逐日依公報公
　　　　　　布，以節繕寫遞寄之煩勞。
第九條　　省政府及各廳處之組織及員額屬行改革後，
　　　　　所有節餘之經費應悉數撥增各縣政費，被裁
　　　　　人員應重行甄別，量其才能，准予分別備選
　　　　　縣長區長及其他縣佐治人員之用。
第十條　　本大綱之施行規則由各省省政府自定之。
第十一條　本大綱由行營陳報中央政治會議鑒核備
　　　　　案，在湖北、河南、安徽、江西、福建等
　　　　　剿匪省份先行實施，其他各省經呈請行政
　　　　　院核准者，亦得援案准用。
第十二條　本大綱俟各省施行後，應將實地試驗之結
　　　　　果詳加比較，隨時陳報中央，以備制定省
　　　　　制，實行修正省政府組織法之參考。
第十三條　凡本大綱所未規定者，仍依現行省政府組

織法及其他有關係之法令辦理。

第十四條　本大綱自公布之日起兩個月內，凡剿匪各
　　　　　省應一律施行。

乙、專員制度之推進及其職責系統之劃分

　　自豫鄂皖三省剿匪總司令部創立行政督察專員制
度，三省專員公署次第成立，所以輔助省府，督率屬
縣，促進行政效能者，甚著成效，維時江西亦經設置，
不過編制預算，係屬另訂，與三省專員名同而實不同，
其成績頗有遜色，中正督師來贛，深以江西值加緊剿匪
之際，一切軍政情形，較諸過去三省尤為嚴重，軍事既
日有進展，如此項推進政治樞紐所寄之專員制度，不能
與三省一致進行，則彼此之間，既失連繫，亦極不便統
籌，因於本年一月間，特令該省依照三省總部前頒關於
專員各項章則，將各區專員公署改組，其改善要點為：

1. 江西專員原不兼任保安司令及駐在地縣長，適等於
　民初之道尹，不能兼有前清直隸州兵備道之長，改
　組後專員一律兼任保安司令，並須逐漸概行兼領縣
　長，使之力量集中，措施順利。

2. 江西專員公署原訂預算太狹，致不能網羅得力之僚
　佐，以為匡助，督促指導，兩感不週，改組後，一
　律增加經費，俾獲展布事功。

3. 專員公署職掌，需要專門人才指導者甚多，而最要
　莫如農工兩項，以前既匭此種設備，現亦亟宜注意
　及之，改組後，特飭於專員公署增設技士二人，一
　須具有農業指導或農村經濟之專門技能，一項具有

工業指導專門技能，不得濫竽充數，即豫鄂皖三省專員公署，亦經分令依照辦理，以健全其組織，而普遍其效能。

江西原分一十三區，現除十一、十三兩區尚在規劃外，餘均改組完竣，其兼領駐在地縣長者，亦及半數矣。

江西專員公署既已實行改組，中正又以福建逆軍甫平，邊陲未靖，嗣後剷除匪患，安定民生，所需政治上之敷設，其迫切亦不亞於江西，乃決定將該省施行豫鄂皖贛同一制度，實行分區設置專員，俾剿匪五省步驟得趨一致，福建計分十區，現已一律組織成立。

在推進專員制度時期，南昌行營對於三省總部前頒關於專員公署各項章則，尚有一度補充，蓋因創立一種制度，本係適應時代之需要，經始之際，未嘗不殫精竭慮務求悉合機宜，但為時間情勢所限，實不能無挂漏之虞，故必一方面力重實行，一方面尤在因實驗所得而隨時改善，中正年來根據各省專員政務報告與建議，復綜合考覈所得之經驗，頗覺專員制度本身不免尚有缺點，其職責系統仍須再予明白劃分，使能步步踏實，舉其要義，約有三端：

1. 用人方面

   縣長係由省政府任命，而事實上最宜予專員以考核之實權，凡專員考核屬僚意見，省政府應加以相當重視，資為黜陟之標準，由層級連繫，而使聲氣相通，則督察之效率始著。

2. 財政方面

各縣之地方財政，向係依照剿匪區內整理縣地方財政章程施行，惟章程內關於各縣地方預算決算，以及預備費之動支，專員均未過問，僅賴臨時巡視，以為事後糾正，實不足以盡其職權，如欲其明瞭轄縣經費之分配是否適宜，動支是否得當，則必使之查核地方財政，始能籠罩全局，免涉偏枯。

3. 公文方面

省政府發布各縣之重要命令，本應經由專員而下達，各縣對省政府之重要呈報或請示，亦必經由專員核轉，始能系統分明，遞層考覈，如專員不能成為承上啟下之樞紐，則上級限令飭辦者幾事，下級遵照妥辦者幾事，有無因循粉飾，是否陽奉陰違，專員皆無從詳悉，所謂督察，庸非徒托空言，前此各省對於行文手續多未注意，必須予以確定，俾能劃一整齊。

因有上列三項重要關係，特制頒各省行政督察專員職責系統劃分辦法，都十四條，現在已設專員各省，均經遵照實施矣。

剿匪區內各省行政督察專員公署組織條例

第一條　豫鄂皖三省剿匪總司令部為整飭吏治增進行政效率以便澈底剿匪清鄉及辦理善後起見，特頒剿匪區內各省行政督察專員公署組織條例。

第二條　本部依各省面積、地形、戶口、交通、經

濟狀況、人民習慣，酌劃一省為若干區，
各設行政督察專員公署。

前項區劃及公署所在地另以命令定之。

第三條　行政督察專員公署，直隸本部，並受省政
府之指揮監督，綜理轄區內各縣市政及剿
匪清鄉事宜。

第四條　行政督察專員公署設專員一人，由本部委
派，簡任待遇。

第五條　行政督察專員公署設秘書一人，薦任待
遇，由行政督察專員呈請本部委任，署員
四人，事務員六人，均由專員委任，分呈
本部省政府及知照民政廳保安處備案。

第六條　秘書承行政督察專員之命，掌管機要及專
員特為指定之事務。

第七條　署員及事務員承長官之命，分掌署內各科
應辦之事務。

第八條　行政督察專員公署，得聘任參事五人至九
人，參贊署務，或委託分赴各縣各鄉實行
調查或指導之職務。

前項參事應就本區內選負時望而能辦地方
事務者充之，為無給職，必要時，得酌給
以必要之伕馬費。

第九條　行政督察專員兼任該區保安司令，承全省
保安處長之命，管轄指揮該區各縣之保安
隊、保衛團、水陸公安警察隊，及一切武
裝自衛之民眾組織。但此項團隊依該省現

行章制，如尚未劃歸保安處而仍屬民政廳
主管者，應秉承民政廳長之命令辦理。

大軍清剿區內之匪共時，行政督察專員應
督同管區內各縣長共受剿匪高級將領指
揮，盡力協助，匪共敗退，或小股潛伏區
內，實行清鄉時，現駐在區之軍隊，應受
行政督察專員之指導，或由高級將領就近
指撥兵力之一部，逕由專員指揮，區內各
縣清鄉共需之兵力，亦得專員統籌彙請本
部撥定，暫受專員之指導或指揮。

第十條　行政督察專員公署，設區保安副司令一人，
承專員之命，襄助處理團隊之管轄指揮，及
一切保安事務，設參謀一人，副官二人，承
長官之命，助理應辦之保安事務。

前項保安副司令，由專員呈請全省保安處長
核定轉呈本部委任，參謀副官由專員咨呈保
安處長委任，並分呈本部及省政府備案

第十一條　行政督察專員，由省政府加委兼任駐在地
之縣長，專員公署之職員，亦分別兼理縣
政府事務，不另支薪。

第十二條　行政督察專員，應遵照現行法令首先舉辦
各項急應推行之要政，以為轄區所屬各縣
市之倡，並督促各縣之實施。

執行前項職務，如認為轄區各縣或轄區與
他區有通力合作之必要時，應商同有關係
之縣區聯合舉辦。

第十三條　行政督察專員，有隨時考核轄區各縣市長及其所屬員兵成績之權，每三個月一次，半年總校一次，臚列事實，呈報本部及省政府知照主管廳處分別獎懲，或為其他必要之處分，所屬縣長如有瀆職行為，尤應隨時密呈本部及省政府知照民政廳撤懲。如遇有緊急處分之必要時，並得先行派員代理。

第十四條　行政督察專員，對於區內各縣縣長之命令或處分，認為違法或失當時，得命令停止或撤銷之。

前項情形應呈報本部及省政府知照主管廳處查核。

第十五條　行政督察專員，於每三個月內應輪流親赴轄區及縣市巡視一週，並將巡視情形呈報本部及省政府備查。

巡視程序及方法，得依各省民政廳巡視章程之規定，其巡視旅費之支給，依國內出差旅費之規定，不得受地方迎送及供應。

第十六條　行政督察專員，得隨時召集轄區各縣市長，及其所屬局長或科長，舉行行政會議，討論應行興革事宜，或講習新頒法令之意義及其辦理程序，遇必要時辦理地方保安人員，及地方團體代表，經行政督察專員之邀請，亦得列席。

前項行政會議議決案，應呈報本部及省政府查核。

第十七條　行政督察專員公署之經費，除就兼領所在地縣政府額定開支外，得酌給公費，另定預算，由省庫加撥或另行補助。

第十八條　行政督察專員公署關防，由本部依照國民政府頒發印信條例，刊製木質關防，發交啟用。

第十九條　行政督察專員執行職務時，對本部及省政府用呈，對各廳及全省保安處用咨呈，對轄區各縣市政府用令，其餘均以公函行之。

第二十條　行政督察專員公署辦事細則另定之。

第二一條　本條例公布後，各省原有考查縣政，整飭官常之法規，仍舊適用。

第二二條　普通法令與本條例相類似或相抵觸者，均暫緩適用。

第二三條　本條例自公布日施行。

江西各區行政督察專員公署所在地及轄區縣名縣數一覽表

區別	專員所在地	轄區縣名			縣數	備考
第一區	豐城	豐城　進賢　高安	南昌　清江　安義	新建　新淦	8	
第二區	萍鄉	萍鄉　上高　萬載	宜春　新喻	宜豐　分宜	7	原不兼任駐在地縣長現已核定專員改駐宜春照章兼縣尚未遷移慈化特別區政治局屬之
第三區	修水	修水　奉新	武甯　永修	靖安　銅鼓	6	暫尚未兼駐在地縣長找橋特別區政治局屬之
第四區	德安	德安　瑞昌　星子	九江　都昌	湖口　彭澤	7	

區別	專員所在地	轄區縣名			縣數	備考
第五區	鄱陽	鄱陽 浮梁 婺源	樂平 萬年	德興 餘干	7	
第六區	上饒	上饒 廣豐	玉山 弋陽	鉛山 橫峰	6	暫尚未兼駐在地縣長
第七區	臨川	臨川 貴溪	金谿 東鄉	資溪 餘江	6	暫尚未兼駐在地縣長
第八區	南城	南城 崇仁 光澤	黎川 宜黃	南豐 樂安	7	鳳岡特別區政治局屬之
第九區	吉安	吉安 峽江 萬安	吉水 泰和	永豐 興國	7	暫尚未兼駐在地縣長 藤田特別區政治局屬之
第十區	蓮花	蓮花 遂川	永新 甯岡	安福	5	暫尚未兼駐在地縣長 大汾洋溪兩特區政治局屬之
第十一區	贛縣	贛縣 崇義	信豐 上猶	大庾 南康	6	尚在規劃改組中
第十二區	寧都	寧都 瑞金	廣昌 會昌	石城 雩都	6	
第十三區	龍南	龍南 定南	安遠 尋鄔	虔南	5	尚在規劃改組中

福建各區行政督察專員公署所在地及轄區縣名縣數一覽表

區別	專員所在地	轄區縣名			縣數
第一區	長樂	長樂 連江 永泰	閩侯 平潭	羅源 福清	7
第二區	福安	福安 霞浦	壽寧 屏南	福鼎 寧德	6
第三區	南平	南平 古田	沙縣 閩清	尤溪	5
第四區	仙遊	仙遊 永春	德化 莆田	大田 惠安	6
第五區	同安	同安 安溪	晉江 思明	南安 金門	6
第六區	漳浦	漳浦 長泰 雲霄	南靖 海澄 東山	龍溪 平和 詔安	9

區別	專員所在地	轄區縣名			縣數
第七區	龍岩	龍岩　永定　上杭 武平　漳平　寧洋 華安			7
第八區	長汀	長汀　連城　寧化 清流　明溪　永安			6
第九區	邵武	邵武　順昌　將樂 建寧　泰甯			5
第十區	浦城	浦城　建陽　崇安 松溪　政和　建安			6

各省行政督察專員職責系統劃分辦法

二十三年七月一日頒發

第一章　總則

　第一條　各省行政督察專員上承南昌行營或豫鄂皖
　　　　　三省剿匪總部及各該省政府之監督指揮，
　　　　　下對轄區內各縣政府督察權之行使，除依
　　　　　照剿匪區內各省行政督察專員公署組織條
　　　　　例第三條、第九條及第十三條至第十五條
　　　　　之規定分別辦理外，悉依本辦法所規定之
　　　　　職責系統行之。

第二章　各級遞層考核

　第二條　凡新任專員應先赴該管省政府謁主席請
　　　　　訓，並分赴各廳處商承該區應辦事宜，凡
　　　　　新任縣長應先赴該管專員公署謁專員請
　　　　　訓，並與公署及區保安司令部商洽該縣應
　　　　　辦事宜，再行到任視事，但遇緊急情形，
　　　　　新任專員經行營或總部令知該管省政府，
　　　　　新任縣長經省政府令知該管專員，特准先
　　　　　到任後請訓者，不在此限。

第三條　除專員考核轄區內之縣長應依專員公署組
　　　　織條例第十三條至第十五條之規定辦理
　　　　外，各省省政府對於所屬各專員亦應依定
　　　　期考成或臨時巡視切實核查其成績，加具
　　　　考語，臚列事實，呈報行營或總部分別獎
　　　　懲。如發覺專員有瀆職或重大失職之行為
　　　　時，尤應隨時密呈，俾憑撤懲或其他之緊
　　　　急處分。

第四條　行營或總部之獎懲專員依該管省政府之考
　　　　核報告為重要之根據，省政府之獎懲縣長
　　　　依該管專員之考核報告為重要之根據，如
　　　　發現報告不實或失當，經另行覆查得有反
　　　　證之事實者，原報告人應依法議處。
　　　　前項獎懲之決定及其根據之事實，行營或
　　　　總部應即令知該管省政府，省政府應即令
　　　　知該管專員，分別遵照。

第五條　專員兼縣長之卸任由省政府派員監盤交
　　　　代，縣長之卸任由該管專員公署派員監盤
　　　　交代。

第三章　各縣財政檢查

第六條　各縣應編之預算、決算及預算中所列預備
　　　　費之動支暨一切財政整理之辦法，各縣政
　　　　府除依剿匪區內整理縣地方財政章程第五
　　　　條、第六條、第十條及第十八條之規定，
　　　　逕呈省政府核辦外，並應分呈該管專員公
　　　　署備查。

前項呈報如專員認為有應分別准駁或修正者，得申具意見，即述陳明省政府，以備主管廳處審核之參考。

第七條　各縣地方財政收支之實況，各縣政府應按月冊報該管專員公署查核。

第四章　文書處理程序

第八條　凡行營或總部應令行專員公署之文件，均令由該管省政府轉行之，但遇事關重要而時機緊急者，仍得一面逕令專員公署辦理，一面並令該省政府知照。

前項文件如事屬豫鄂皖三省範圍者，行營與總部之間亦相互知照。

第九條　省政府暨各廳處應令行各縣政府辦理之事件，凡屬左列各款之一者，均令由該管專員公署轉飭遵辦，但遇事機緊急時，亦得一面逕令各該縣政府辦理，一面並令該管專員公署知照。

一、　含有時間性之重要事件，應責成全省各縣或多數縣份一體舉辦，而須分區督察，限期完成者。

二、　含有特別性之專辦事件，須責成某行政督察區所轄之一縣或數縣專辦者。

三、　含有聯系性之共通事件，須由甲行政督察區與乙區所屬之毗連縣份協同辦理者。

第十條　各專員依專員公署組織條例第五條、第十

條第二項、第十三條、第十四條第二項、
第十五條第一項及第十六條第二項之規
定，應行分別呈報行營或總部之事件，暨
依本辦法第八條轉飭遵辦事件之呈復，概
由該管省政府核轉行營或總部，各縣政府
依前條規定各奉轉飭遵辦事件之呈覆，亦
應由該管專員公署核轉省政府。

第十一條　各專員奉行營或總部逕令飭辦之事件，得一
面逕行呈覆，一面分報該管省政府備查，各
縣政府奉省政府逕令飭辦之事件，亦得一面
逕行呈覆，一面分報該管專員公署備查。

第十二條　專員縣長遇緊急重要事件，必須即向行營
或總部及省政府請示者，得一面逕呈，一
面分報其直屬之上級機關查核。

第五章　附則

第十三條　本辦法自公布日施行。

第十四條　本辦法公布後，行營前頒治字三二七二號
之訓令廢止之。

丙、縣政府裁局設科辦法之頒行

　　按縣組織法規定縣以下隸屬有若干局，規模頗大，
用人亦繁，因其局多官多，遂致財政日加困窘，意志尤
不統一，蓋各局互相爭執，互相牽制，互相推諉之弊，
皆所不免，結果重要縣政，無一可以推行，值此國難嚴
重匪氛未靖之秋，縣政府所負責任與所辦事件，實最重
大而最繁賾，長此以往，將何以完成任務，而固政治基

礎，中正督師豫鄂皖時，曾經通令剿匪各省將各縣政府
所屬各局改科或予併科，以節麋費，而重實效，迄今多
日，尚未完全照辦，此不僅剿匪省份不宜忽視，即非剿
匪各省，為綜覈名實起見，亦可援照施行，今贛閩豫鄂
皖五省政府業經合署辦公，縣政府為秉承省令之執行機
關，自應賡續改革，以資連貫，否則，僅使上級無矛盾
重複等弊，而下級之牽制推諉依舊未除，仍非根本改善
之道，茲將應行改善必須具備條件列後。

　　1. 集中權責

　　　（一）縣政府裁撤現經設置之各局，其職掌分別
　　　　　　歸併於各科管理，

　　　（二）縣佐治人員由縣長遴選，由省政府嚴核
　　　　　　資歷，

　　　（三）各縣應徵之省縣正稅，以歸縣政府統徵為
　　　　　　原則，並設置縣金庫統一收支。

　　2. 充實組織

　　　（一）增科或增設員額，並增加縣行政經費，

　　　（二）裁局節餘之款，得移充本縣事業費，

　　　（三）統一經徵後，縣政府得分撥經徵手續費，

　　　（四）縣教育經費或建設專款，仍保持其獨立
　　　　　　性質。

　　根據上列條件，經擬訂剿匪省份各縣政府裁局設科
辦法大綱，不日將實施於豫鄂皖贛閩等剿匪省份。

丁、各縣分區設署辦法大綱之訂定

　　縣之分區，區之有公所，肇基於縣組織法，完全為

自治機關，論職務則廣泛而無所不包，考事實則空疏而一無所舉，三省總部曾於二十一年八月頒行區公所組織條例，取自衛一事，為改革區制之目標，暫就剿匪各省先行辦理，兩年以來，尚有相當成績。惟人民以習慣相沿，不明設職意義，每視區長如舊時之團董莊頭，薄保長如往日之地保鄉約，自愛者輒趑趄引避，不肖者遂因緣為奸。現本行營經詳察情形，周諮眾議，認為分區設署，實為目下必要之圖，特制定剿匪省份各縣分區設署辦法大綱，就原設區公所，擴大組織，增籌經費，同時以管教養衛四事責成辦理，充實質量，應其需要，對區長則提高地位，明定職權，輔以員司，優其待遇，一方變換人民對區長之觀念，一方加重區長對地方之責任，務使一切人民，明瞭此項組織。為國家行政之幹部，當事者各存自重之心，旁觀者自祛相輕之意，將見各該省地方均有健全之下層工作機關，既可收肅清殘匪之速效，復可奠憲政之初基矣。此項辦法大綱，不日即將公布施行。

戊、各特別區政治局之設立
甲、江西

一、查江西省轄籐田、龍岡、鳳岡、新豐一帶，地處偏隅，交通不便，縣城相距較遠，政治力量，恒有未及，民智閉塞，易受欺騙，近歲赤匪驛騷，毒氛流播，遂利用其地勢偏僻，民情散漫，以遂其盤踞裹脅之謀，屢次勞師，尚存餘孽，僅憑軍事，實不足以永靖閭閻，經於二十二年七月，將籐田等處附近地

域，分為四特別區，劃定界址，繪具圖說，並釐訂編制預算條例，以資治理。

二、宜豐縣屬找橋（即早橋），位於縣北，邊緣奉、修、銅三縣，距各縣治，均約在九十里以上，山嶺崎嶇，最易藏匪，如找橋設立政治局，就近搜剿，實較奉、修、銅、宜四縣遠道勞師，易見成效，經於二十二年十月，援籐田等處設局成例辦理。

三、宜春縣屬慈化，僻處縣之西北，距縣治一百二十里，地廣民雜，形同化外，其西面楊歧山、崇山，與萍鄉轄境之桐木、黃土等處，犬牙相錯，共匪利用以為巢穴，前清光緒間，曾設上粟市同知，控取楊歧山以北地帶，稽諸往事，審度情形，該處實有設治之必要，因與找橋政治局，同時設立。

四、安福縣屬洋溪，位於萍鄉、宜春、分宜、安福、永新、蓮花之間，距各縣治窵遠，而安福縣幅圓甚大（面積計九八四〇方里），較蓮花倍之（面積計四九五八方里），行政管轄上，自難周到，洋溪在安福縣城之西，相去約百里，又為匪嘯聚之處，故亦於二十二年十月設局管理。

五、遂川縣屬之井岡山上下七一帶，重巒疊嶂，地處偏隅，始則朱毛嘯聚，繼則李宗保等部，盤踞其間，企圖保持贛西南連絡，待時蠢動，因其地勢險要，匪化益深，政治設施，均感阻滯，遂境西接酃縣桂東，犬牙相錯，縣治偏東，政治力量，難達縣西，為因時制宜計，爰於二十二年十二月，將大汾劃區設治，俾免扞格牽掣之虞，無鞭長莫及之患。

　　以上八局，均先後成立，並呈奉國民政府令准備案
各在卷，惟新豐特別區，彼時因未收復，旋即裁撤，龍
岡特別區，因距籐田甚近，於本年九月，以一部歸併籐
田管轄，其餘均還舊制，故江西現存政治局，僅鳳岡、
籐田、找橋、慈化、洋溪、大汾，六區而已。

江西省特別區政治局組織條例

第一條　軍事委員會委員長南昌行營（以下簡稱行
　　　　營）為適應剿匪需要，增進行政效率起
　　　　見，特就江西省某縣之一部份或相鄰數縣
　　　　之各一部份，劃定區域，設置特別區。

第二條　特別區管轄區域，另以命令定之。

第三條　特別區設政治局彙所隸屬之剿匪軍總司令
　　　　部暨省政府指揮監督之下，處理全區一切
　　　　行政事務。
　　　　政治局對各級機關之關係，與縣政府同。

第四條　特別區冠以該區政治局所在地名稱。

第五條　特別區政治局，設局長一人，為薦任職，
　　　　由所隸屬之剿匪軍總司令部遴選富有政治
　　　　軍事知識者，咨請省政府任用之，並呈報
　　　　行營備案。

第六條　特別區政治局設秘書一人，科長二人，科
　　　　員事務員書記各若干人，除辦理文書外，
　　　　應努力實際工作。隨時外勤，其編制預算
　　　　另定之。

第七條　秘書所掌事項如左：

一、機要事項。

二、總核文件事項。

三、承辦職員進退事項。

四、典守印信事項。

五、局務會議事項。

六、其他不屬於各科事項。

第八條　第一科所掌事項如左：

一、公安事項。

二、編組保甲事項。

三、編練保衛團及剿共義勇隊事項。

四、建築碉堡及其他防禦工事事項。

五、封鎖匪區事項。

六、協助軍隊剿匪事項。

七、衛生事項。

第九條　第二科所掌事項如左：

一、招集流亡事項。

二、安輯脅從及自新份子事項。

三、農村經濟事項。

四、處理土地財產及人事紛糾事項。

五、救濟事項。

六、財政事項。

七、交通事項。

八、教育及禮俗事項。

九、會計庶務事項。

第十條　特別區政治局於不抵觸中央及省政府法令範
　　　　圍內，得發布局令，並得制定單行規則。

前項單行規則及重要局令，應呈報所隸屬之剿匪軍總司令部暨省政府查核備案。

第十一條　特別區所需行政及事業經臨各費，暫由省庫撥充，至能啟徵賦稅時為止。

第十二條　特別區政治局關防，由行營頒發啟用。

第十三條　特別區依地方情形，分劃為若干區，區設辦公處，依照江西省政府區辦公處組織暫行條例，執行職務。

第十四條　本條例如有未盡事宜，隨時由行營修正之。

第十五條　本條例自公布之日施行。

江西特別區政治局支付預算書

支出經常門	全年度共支 22,584 元 每月份計支　1,882 元		
科目	全年度預算數	每月份預算數	備考
第一款　特別區政治局經費	22,584.00	1,882.00	
第一項　俸薪餉項	18,984.00	1,582.00	
第一目　俸薪	16,680.00	1,390.00	
第一節　局長俸	3,600.00	300.00	局長一員，月支三百元
第二節　秘書俸	1,440.00	120.00	秘書一員，月支一百二十元
第三節　科長俸	2,880.00	240.00	科長一員，月各支一百二十元，合計如上數
第四節　科員俸	4,800.00	400.00	科員六員，月支八十元者二人，月支六十元者四人，合計如上數
第五節　事務員暨書記薪	3,960.00	330.00	事務員四員，月各支四十五元，書記四員，月支四十元者二人，月支二十五元者二人，合計如上數
第二目　餉項	2,304.00	192.00	
第一節　政務警工餉	2,304.00	192.00	政務警十六人，月各支十二元，合計如上數

科目	全年度預算數	每月份預算數	備考
第二項　辦公費	3,600.00	300.00	
第一目　文具	600.00	50.00	
第一節　紙張簿冊	360.00	30.00	
第二節　筆墨雜件	60.00	5.00	
第三節　文具雜件	60.00	5.00	
第四節　印刷	120.00	10.00	
第二目　郵電	480.00	40.00	
第一節　郵費	240.00	20.00	
第二節　電費	240.00	20.00	
第三目　消耗	720.00	60.00	
第一節　茶水	192.00	16.00	
第二節　柴炭	264.00	22.00	
第三節　油燭	264.00	22.00	
第四目　購置	360.00	30.00	
第一節　購置	360.00	30.00	
第五目　雜費	840.00	70.00	
第一節　閱報費	96.00	8.00	
第二節　修繕	120.00	10.00	
第三節　旅費	480.00	40.00	
第四節　雜支	144.00	12.00	
第六目　雜役費	600.00	50.00	
第一節　雜役費	600.00	50.00	雜役五名月各支十元合計如數

乙、湖北

　　查大畈原屬陽新極西之一市鎮，為鄂贛交通之孔道，四面山環谷抱，林深青密，形勢險峻，誠天然重鎮也，自民十六以還大畈及龍堰各地，淪為匪區，燒殺擄掠，各致其極，十八年，赤匪並將大畈劃入通山版圖，即設通山蘇維埃政府於此，去歲收復龍堰，匪乃窟集於大畈一隅，為最後之爭扎，於是大畈彈丸之地，不但為鄂南土匪軍事政治之重心，即鄂贛邊區之匪，凡屬策畫運輸聯絡，莫不以為樞紐，故該處匪化之深，為鄂南冠，爰仿照江西特別區政治局辦法，就該地樹立政治中

心，設置大畈特別區政治局，以為收拾民眾，復興農村
之張本，固不僅為便於控制計也，該局於本年四月成
立，除轄區及經費外，其組織情形則與江西略同。

湖北省大畈特別區政治局組織暫行規程
　　第一條　本省為適應剿匪需要，增進行政效率起
　　　　　　見，特就陽新、咸寧、大冶、鄂城、通山
　　　　　　等縣邊區，各劃一部份，呈准國民政府軍
　　　　　　事委員會委員長南昌行營（以下簡稱行營）
　　　　　　設置大畈特別區（以下簡稱特別區）。
　　第二條　特別區管轄區域，由所隸屬之剿匪軍總司
　　　　　　令部會同湖北省政府劃定後，呈請行營核
　　　　　　准行之。
　　第三條　特別區設政治局，受省政府之指揮監督。
　　　　　　處理全區一切行政事務，對於其他各機關
　　　　　　之關係，與縣政府同。
　　第四條　特別區政治局設於大畈。
　　第五條　前項單行規則，須呈報所隸屬之剿匪軍總
　　　　　　司令部省政府暨主管各廳處查核備案。
　　第六條　特別區政治局設局長一人，由所隸屬之剿
　　　　　　匪軍總司令部遴選富有政治軍事學識及經
　　　　　　驗人員，諮請省政府任用之，並呈報行營
　　　　　　備案。
　　第七條　特別區政治設秘書一人，並設置二科，每
　　　　　　科置科長一人，科員僱員各若干人，各承
　　　　　　長官之命，分別辦理主管事務，但應特別

　　　　　注重實際工作，隨時外勤。

第八條　秘書掌理事項如左：

一、關於撰擬機要文書及復核文稿事項。

二、關於所屬公務員任免考績事項。

三、關於政治計劃整理及督促事項。

四、關於彙編各項議案及紀錄事項。

五、關於典守印信事項。

六、關於其他不屬於各科事項。

第九條　第一科掌理事項如左：

一、關於水陸公安行政事項。

二、關於編查保甲戶口事項。

三、關於團隊之編練調遣及民有槍枝之調
　　查登記編號烙印事項。

四、關於建築碉堡及其他防禦工作事項。

五、關於封鎖匪區事項。

六、關於行政訴願及訴訟事項。

七、關於剿辦匪共及聯防會哨事項。

八、關於民眾團體之組織及人事糾紛事項。

九、關於衛生禁烟事項。

十、關於各項教育之改革促進事項。

十一、關於禮俗宗教及保存地方名勝古跡
　　　事項。

第十條　第二科掌理事項如左：

一、關於招撫流亡及安輯脅從自新份子
　　事項。

二、關於農民借貸農村合作及一切興復農

　　　　　　村事項。

三、　關於賑災卹賞及慈善救濟事項。

四、　關於土地調查登記測丈及其他土地行
　　　政事項。

五、　關於修築道路橋樑堤防及整理水利
　　　事項。

六、　關於官有公有財產之管理清查事項。

七、　關於各種統計表冊之編製事項。

八、　關於本局庶務會計文件收發繕校及卷
　　　宗保管事項。

第十一條　特別區政局秘書科長，由局長遴選合格人
　　　　　員，呈請省政府委任，科員僱員由局長委
　　　　　任，呈報省政府備案。

第十二條　特別區政治局，得設置政務警察若干名，
　　　　　管理偵緝調查送遣等事項。

第十三條　特別區政治局應需經費，照本省一等縣經
　　　　　費定額開支，由省庫撥付，其編制預算另
　　　　　定之。

第十四條　特別區得按地方情形，劃分為若干區，依照
　　　　　剿匪區內各縣區公所組織條例，設區公所。

第十五條　特別區政治局關防，由行營頒發。

第十六條　本規程如有未盡事宜，由民政廳隨時呈請
　　　　　修改之。

第十七條　本規程自省政府公布之日施行。

湖北省大畈特別區政治局經費支付預算書

支出經常門	全年度共支 17,640 元 每月份計支 1,470 元		
科目	全年度 預算數	每月份 預算數	備考
第一款　大畈特別 　　　　區政治局 　　　　經費	17,640.00	1,470.00	
第一項　俸薪	10,800.00	900.00	
第一目　職員俸薪	10,800.00	900.00	
第一節　局長俸	2,880.00	240.00	局長一員，月支二百四 十元
第二節　秘書俸	1,200.00	100.00	秘書一員，月支一百元
第三節　科長俸	2,160.00	180.00	科長二員，月各支九十 元，合計如上數
第四節　警佐	600.00	50.00	
第五節　科員俸	2,520.00	210.00	科員二人，月各支四十五 元，三人，月各支四十 元，合計如上數
第六節　僱員俸	1,440.00	120.00	僱員六員，月各支二十 元，合計如上數
第二項　工餉	1,488.00	124.00	
第一目　工餉	1,488.00	124.00	
第一節　政警工餉	768.00	64.00	政警六名，內警目一名， 月支十四元，警士五名， 各月支十元，合計如上數
第二節　公役工餉	720.00	60.00	公役六名，各月支十元， 合計如上數
第三項　辦公費	2,952.00	246.00	
第一目　文具	600.00	50.00	
第一節　紙張簿冊	360.00	30.00	
第二節　筆墨雜件	60.00	5.00	
第三節　文具雜件	60.00	5.00	
第四節　印刷	120.00	10.00	
第二目　郵電	480.00	40.00	
第一節　郵費	240.00	20.00	
第二節　電費	240.00	20.00	
第三目　消耗	672.00	56.00	
第一節　茶水	192.00	16.00	
第二節　柴炭	240.00	20.00	
第三節　油燭	240.00	20.00	
第四目　購置	240.00	20.00	
第一節　購置	240.00	20.00	

科目	全年度預算數	每月份預算數	備考
第五目　雜費	960.00	80.00	
第一節　閱報費	96.00	8.00	
第二節　修繕	120.00	10.00	
第三節　旅費	600.00	50.00	
第四節　雜支	144.00	12.00	
第四項　預備費	2,400.00	200.00	此款作為預備費之用月計如上數

己、光澤婺源之改隸

　　查赤匪竄擾數省，每恃偏僻地方，為狐鼠之憑依。故各省邊鄙縣份，形勢有欠整齊者，我方軍事政治，多感不便設施，遂致減低清剿效率。值大軍節節勝利，匪勢日見窮蹙之時，自宜一鼓蕩平，未可任其利用地形，復蘇餘喘，此對於邊縣情勢，不能不妥為措置，以期適合機宜者也。原隸福建之光澤縣，從西南至東北，邊幅甚長，與江西省之黎川、資溪、貴溪、鉛山等四縣交界，僅東南部份，形如弓弦，界抵邵武、崇安兩縣，就形勢觀察，光澤地域，實完全突出江西境內。為軍事、建設及政治方面種種便利起見，應將光澤縣全部，畫歸江西省管轄，藉宏效率。又原隸安徽之婺源縣，據安徽通志所載：唐時屬江南道；宋代曾議改屬江西，因其可依茅嶺為界，山南諸水，又皆流入江西。今察其地勢，突出於江西境內者甚大，於安徽頗覺畸零；而婺白、婺德兩路築成後，若不將婺源改隸，交通管理，亦多不便。為軍事政治雙方進行便利計，改隸江西，實屬必要。本年六月本行營特令行福建、安徽、江西，三省政府，分別將光澤、婺源兩縣，就原有縣界，分別交接；

並樹立明顯堅固之界標。業將辦理情形，函請行政院呈
經中央政治會第四一五次會議通過；並函請國民政府查
照各在案。

第三　關於地方行政考詢事項

甲、十省高級行政人員之集會開會秩序

第一次開會秩序

三月十八日上午九時至十二時

　　　　一、開會

　　　　二、全體肅立

　　　　三、奏樂

　　　　四、唱黨歌

　　　　五、向黨旗國旗總理遺像行三鞠躬禮

　　　　六、主席恭讀及總理遺囑

　　　　七、靜默

　　　　八、委員長訓話

　　　　九、重要工作報告及建議

第二次開會秩序

三月十八日下午三時至六時

　　　　一、主席恭讀總理遺囑

　　　　二、重要工作報告及建議（繼續第一次）

第三次開會秩序

三月十九日下午三時至六時

　　　　一、主席恭讀總理遺囑

　　　　二、重要工作報告及建議（繼續第二次）

第四次開會秩序

三月二十日上午九時至十二時

一、主席恭讀總理遺囑

二、工作總評及建議處理

三、委員長訓話

四、奏樂

五、攝影

六、散會

委座接見各省民教廳長秘書長專員及開會公宴
日期程序表

接見日時區分	省別	職別	姓名	接見方法	接見地點
17日 11時至 13時	江蘇	秘書長	程天放	一次齊見	北壇公館
		民廳長	辜仁發		
		教廳長	周佛海		
	浙江	秘書長	魯　岱	一次齊見	
		民廳長	呂苾籌		
		教廳長	陳布雷		
	河南	秘書長	方其道	一次齊見	
		民廳長	李培基		
		教廳長	齊真如		
	福建	民廳長	李祖虞	一次齊見	
		教廳長	鄭貞文		
	甘肅	秘書長	李拯中	一次齊見	
		教廳長	水　梓		
19日 11時至 12時	陝西	秘書長	耿壽伯	一次齊見	行營委座室 （紀念週後）
		民廳長	胡毓威		
		教廳長	周學昌		
	湖南	秘書長	易竹書	一次齊見	
		民廳長	曹伯聞		
		教廳長	朱經農		
	湖北	民廳長	孟廣澎	一次齊見	
		教廳長	程其保		

接見 日時 區分	省別	職別	姓名	接見方法	接見地點
19日 11時至 12時	安徽	秘書長	陳士凱	一次齊見	行營委座室 （紀念週後）
		民廳長	馬凌甫		
		教廳長	楊 廉		
20日 下午4 時至6 時	江西	贛南專員	張 弛	一次齊見	北壇公館
		一區專員	危宿鍾		
		三區專員	曹祖彬		
		五區專員	華 洸		
		六區專員	郭 觫		
		七區專員	周作孚		
		八區專員	張篤倫		
		九區專員	王有蘭		
		十區專員	李正誼		
	湖北	三區專員	劉 復	一次齊見	
		四區專員	程汝懷		
		五區專員	虞典書		
		六區專員	石毓靈		
		七區專員	雷嘯岑		
		八區專員	李家鼐		
		九區專員	呂 咸		
		十區專員	袁濟安		
	安徽	一區專員	徐沛南	一次齊見	
		二區專員	王鑄人		
		四區專員	席楚霖		
		五區專員	沈 鵬		
		六區專員	魯佩章		
		八區專員	向乃祺		
		九區專員	周君南		
		十區專員	劉秉粹		
21日 上午10 時至11 時	浙江	一區專員	汪漢滔	一次齊見	北壇公館
		二區專員	何浩然		
		三區專員	許蟠雲		
		四區專員	羅時實		
		五區專員	趙次勝		
		六區專員	黃人望		
	河南	一區專員	阮藩儕	一次齊見	
		二區專員	朱玖瑩		
		三區專員	方 策		
		四區專員	唐 肯		
		五區專員	徐亞屏		

接見日時區分	省別	職別	姓名	接見方法	接見地點
21日上午10時至11時	河南	六區專員	王幼僑	一次齊見	北壇公館
		七區專員	甄紀印		
		八區專員	陳伯嘉		
		九區專員	郭景岱		
		十區專員	王次甫		
		十一區專員	歐陽珍		

開會時間	第一次	18日上午9時至12時
	第二次	18日下午3時至6時
	第三次	19日下午3時至6時
	第四次	20日上午9時至12時
委座公宴		20日下午7時（在行營會議廳）
省府公宴		19日12時（在省府內）
附記		一、19日上午9時均到行營參加紀念週 二、會場在行營內大禮堂 三、非有特別通知者請按照本表施行 四、參觀地點及時間另定通知 五、自衛新書及康濟錄等書籍於會場上分贈 六、此表每員例發一份請勿遺失

出席列席人員一覽表

姓名	職別	附註
蔣中正	委員長大會主席	出席
熊式輝	委員長行營辦公廳主任	出席
楊永泰	委員長行營秘書長兼第二廳廳長	出席
賀國光	委員長行營第一廳廳長	出席
王又庸	委員長行營第二廳第一組組長兼大會秘書	出席
程天放	江蘇省政府秘書長	出席
辜仁發	江蘇省民政廳長	出席
周佛海	江蘇省教育廳長	出席
魯 岱	浙江省政府秘書長	出席
呂苾籌	浙江省民政廳長	出席
陳布雷	浙江省教育廳長	出席
陳士凱	安徽省政府秘書長	出席
馬凌甫	安徽省民政廳長	出席
楊 廉	安徽省教育廳長	出席
劉體乾	江西省政府秘書長	出席

姓名	職別	附註
朱懷冰	江西省民政廳長	秘書湯宗威代
程時煃	江西省教育廳長	出席
方其道	河南省政府秘書長	出席
李培基	河南省民政廳長	出席
齊真如	河南省教育廳長	出席
孟廣澎	湖北省民政官長	出席
程其保	湖北省教育廳長	出席
李祖虞	福建省民政廳長	出席
鄭貞文	福建省教育廳長	出席
易竹書	湖南省政府秘書長	出席
曹伯聞	湖南省民政廳長	出席
朱經農	湖南省教育廳長	出席
耿壽伯	陝西省政府秘書長	出席
胡毓威	陝西省民政廳長	出席
周學昌	陝西省教育廳長	出席
李拯中	甘肅省政府秘書長	出席
水　梓	甘肅省教育廳長	出席
汪漢滔	浙江省第一區行政督察專員	出席
何然浩	浙江省第二區行政督察專員	出席
許璠雲	浙江省第三區行政督察專員	出席
羅時實	浙江省第四區行政督察專員	出席
趙次勝	浙江省第五區行政督察專員	出席
黃人望	浙江省第六區行政督察專員	出席
徐沛南	安徽省第一區行政督察專員	出席
王鑄人	安徽省第二區行政督察專員	出席
席楚霖	安徽省第四區行政督察專員	出席
沈　鵬	安徽省第五區行政督察專員	出席
魯佩章	安徽省第六區行政督察專員	出席
向乃祺	安徽省第八區行政督察專員	出席
周君南	安徽省第九區行政督察專員	出席
劉秉梓	安徽省第十區行政督察專員	出席
危宿鍾	江西省第二區行政督察專員	出席
曹祖彬	江西省第三區行政督察專員	出席
華　洸	江西省第五區行政督察專員	出席
郭　觫	江西省第六區行政督察專員	出席
周作孚	江西省第七區行政督察專員	出席
張篤倫	江西省第八區行政督察專員	出席
王有蘭	江西省第九區行政督察專員	出席
李正誼	江西省第十區行政督察專員	出席
張　弛	江西省贛南行政督察專員	出席
阮藩儕	河南省第一區行政督察專員	出席

姓名	職別	附註
朱玖瑩	河南省第二區行政督察專員	出席
方　策	河南省第三區行政督察專員	出席
唐　肯	河南省第四區行政督察專員	出席
徐亞屏	河南省第五區行政督察專員	出席
王幼僑	河南省第六區行政督察專員	出席
甄紀印	河南省第七區行政督察專員	出席
陳伯嘉	河南省第八區行政督察專員	出席
郭景岱	河南省第九區行政督察專員	出席
王次甫	河南省第十區行政督察專員	出席
歐陽珍	河南省第十一區行政督察專員	出席
劉　復	湖北省第三區行政督察專員	出席
程汝懷	湖北省第四區行政督察專員	出席
虞典書	湖北省第五區行政督察專員	出席
石毓靈	湖北省第六區行政督察專員	出席
雷嘯岑	湖北省第七區行政督察專員	出席
李家鼎	湖北省第八區行政督察專員	出席
呂　咸	湖北省第九區行政督察專員	出席
袁濟安	湖北省第十區行政督察專員	出席
文　羣	委員長行營第二廳第二組組長	列席
晏道剛	委員長行營第一廳第一處處長	列席
晏勳甫	委員長行營第一廳第二處處長	列席
賀衷寒	委員長行營政治訓練處處長	列席
蔡勁軍	委員長行營總務處代理處長	列席
陳恩普	委員長行營軍法處處長	列席
羅經獻	委員長行營第二廳第一組副組長	列席
羅君強	委員長行營第二廳第二組副組長	列席
陳　方	委員長行營辦公廳秘書	列席
毛慶祥	委員長行營機要課課長	列席
程懋型	委員長行營第二廳第一課課長	列席
胡　致	委員長行營第二廳第二課課長	列席
王傳麟	委員長行營第二廳第三課課長	列席
李百川	委員長行營第二廳第四課課長	列席
梁穎文	委員長行營黨政軍設計委員會常務委員	列席
鄧文儀	委員長行營黨政軍設計委員會委員	列席
雷雨篁	委員長行營黨政軍設計委員會委員	列席
林　競	委員長行營黨政軍設計委員會委員	列席
汪日章	委員長行營黨政軍設計委員會委員	列席
張彝鼎	委員長行營黨政軍設計委員會委員	列席
李毓九	委員長行營黨政軍設計委員會委員	列席
高傳珠	委員長行營黨政軍設計委員會委員	列席
郭壽華	委員長行營黨政軍設計委員會委員	列席

姓名	職別	附註
李武仲	委員長行營黨政軍設計委員會委員	列席
傅　銳	委員長行營黨政軍設計委員會委員	列席
李煥之	委員長行營黨政軍設計委員會委員	列席
蕭純錦	委員長行營黨政軍設計委員會委員	列席
林赤民	委員長行營黨政軍設計委員會委員	列席
蔣志澄	委員長行營黨政軍設計委員會委員	列席
蕭乃華	委員長侍從速記	列席
趙叔筠	委員長行營第二廳第二組課員兼大會紀錄	列席
祝元青	委員長行營第二廳編輯兼大會紀錄	列席

　　查赤禍蔓延，毒瘤數省，頻年征剿，餘孽猶存。蓋彼利用其共產之學說，為麻醉之工具，妖氛所至，邪說橫行，遂使豫、鄂、皖、贛、閩、湘各省，先後悉遭蹂躪！比年以來，雖軍事進展，匪勢日蹙，犁庭掃穴，指顧可期。然流毒已深，非僅憑軍事，所能收效，欲求永久之安全，端賴清明之政治。他如甘、陝兩省，僻處邊陲，民生凋敝，亟待撫循；蘇、浙兩省，地近海濱，毗連剿匪區域，政治設施，亦關重要。我國幅員遼濶，過去政治，大都各自為理，缺少聯絡，或默守成規，自封故步；或濫施新政，不洽輿情，革故鼎新，固須因地制宜，循名覈實，尤在知人善任中。為考覈各省施政情形，藉收撫綏效率起見，爰電召蘇、浙、閩、贛、湘、鄂、皖、豫、甘、陝各省秘書長、民政、教育廳長及行政督察專員，至行營會議，各奉召人員，均於期前到贛，於三月十八、十九、二十，三日，齊集行營（附出席列席人員一覽表），對於施政情形，以前經過之得失利弊，及今後應行之因革損益，均得盡量發揮，詳晰研討。有經辦之事項，確有心得者，藉會議以互相觀摩；有奉行之法令，應加斟酌者，藉會議以共同研究；有應

辦事項，發生困難者，藉會議以設法排除。雖各省情形，不無差異；而應改要端，大致不外左列各點：

1. 以前省府組織龐大，精神渙散；其時效，則層級重迭，行文迂遲，其經濟，則冗員充斥，公款虛糜。主席徒擁虛名，難施監督；廳處每多矛盾，缺少關聯。脈絡未能貫通，指臂遂失效用，此省制之宜改善者一也。

2. 各省行政督察專員，自設立以來，頗著成效。然編制未盡相符，政績不無差異，有因經費少而組織簡單，措施困難者；有因權責輕而威信未孚，督察難嚴者。欲補偏以救弊，應捨短而取長，此專員制度之宜改善者二也。

3. 各省縣政府之組織，均甚簡單；縣府之下，又分設各局，由廳委用。縣長每感費少事煩，權輕責重之苦；欲事事認真，則情勢扞隔；若處處敷衍，則功令綦嚴。名為一縣之長，實作眾矢之的。兼之更調頻仍，席不暇暖，以致為縣長者視官廨為傳舍，以人民為利藪，枉法貪贓，無省蔑有。治民適以擾民，政府直成怨府，此縣制之宜改善者三也。

4. 區長乃直接親民之官，為國家政治實施之起點，為縣府法令推行之中堅。過去組織既不健全，人選亦甚雜濫，廉潔者坐領俸薪，因循敷衍；貪墨者，勾結土劣，肆行剝削，區長既不易得人，政令遂無由下達，此區公所制之宜改善者四也。

綜上所述，各級地方政制，均有改善之必要，爰根

據各省建議，一再研討，分別厘訂省府合署辦公辦法，
專員職責系統劃分辦法，縣政府裁局改科辦法，各縣分
區設署辦法等於散會後，次第施行（已於第二項各款，
分別敘述）。雖事屬創制，推行僅限於剿匪各省；然因
時因地，實有改革舉辦之必要也。

楊秘書長之工作報告總評及意見陳述

（二十三年三月二十日各省高級行政人員奉召南昌集會
第四次集會席上講述）

　　前昨兩天各位廳長，各位秘書長，各位專員的報
告，都很簡明透澈，各省一般的情況，在書面報告中，
尤說得詳盡。連日在會場上，由口頭提出的報告，都以
下列三種事情為限：

（一）經辦主管事件的心得，提出來大家參考；可以互
　　　相觀摩的；

（二）所奉行的命令條教規章，有應再加斟酌之處，提
　　　出來大家研究改善；

（三）應辦的事情；遇著了困難，不容易推進，提出來
　　　大家想方法去排除。

　　大概都是根據這三種為範圍。無論是報告或是建
議，都是各人實際經驗，所得的結果，卻沒有甚麼空論
和高調，句句都值得研究，這是令人最滿意的！其次這
兩年以來，這十個基本省，有被災害的，有被匪患的，
只有江、浙、湘等省比較安全，但是無論從那一方面看
來，這十省當中，無論那一省，都有相當的進步。並且
他的進步，都有事實的證明，這是尤令人滿意的。

綜合報告的大概情形，依人分類，可以分為廳長、秘書長的報告，和專員的報告，依事分類，又可分為民政、教育、建設、財政和地方政制及縣政實施各部份，本席把各位的報告，將其中尤為值得注意的部份，分門別類，撮要重述一番，作為這次集會所得的結論。

（一）民政部份

1. 縣長任免

對於縣長之任用考察，各省都很注意，尤其是江蘇省訂定了甄審縣長的詳細辦法，河南省訂定了縣長分輪提委的辦法。如果能照他的規定，切切實實的辦理起來，那一定可以杜奔競，免倖進，仕途可望清明的。又如浙江、湖南兩省的縣長任期較長，有許多都做了幾年，還沒換人的，最可為各省的模範。因為縣長是親民之官，必得要選廉能幹練的人去擔任，尤要讓他久於其任。如果任期不久，老是換人，縣政就絕不能進步，這是最關重要的問題。所以縣長的任用，斷不可馬虎，在試署期中，更要認真考察，確能勝任，才給他實授，一經實授以後就不可輕易的調動他。

2. 自治自衛

辦自治的省份，是遵照內政部的自治法規，辦自衛的省份，是遵照三省總部所頒的編查保甲戶口條例，和民團整理條例。無論那一省，大家都有了相當的組織。可是閭隣甲排的組織，似不如保甲的組織，較為切實，這兩年來，鄂、豫、皖、贛四省收保甲的效用，也就算大了。可是無論辦自治省份的閭鄉組織，和辦自衛省份

的保甲組織，都有一種缺點，就是組織雖已有了，說到
訓練上都很欠缺。從今以後，非從已有組織之民眾認真
下一番訓練苦工不可。再說到地方團隊的編制和整理各
省有叫保衛團的，有叫保安隊的，很不一律。查保衛團
的名稱，是保衛團法所規定。凡是各縣有槍枝無槍枝的
地方團隊，混編起來，都叫做保衛團。弄到人數很多，
在各區鄉自由籌餉，教練上管轄上給養上，都發生了很
大的流弊。去年三省總部頒定民團整理條例，纔把他分
析清楚。各有槍枝有餉源的團隊，縮編做保安隊，分為
小隊、中隊、大隊，按月給餉，和正式軍隊差不多。其
餘無槍枝的或槍枝不好的，編成壯丁隊，或剿共義勇
隊，附在保甲的編制裡頭，並不給餉。現在各省整理地
方團隊，實在也有把他分析清楚之必要。據各省的報
告，和各位的建議，都感覺到各縣地方團隊太多，人民
負擔不起。今後量的方面，要想法子縮減，質的方面，
要想法子充實。這是大家都一致主張的。還有一點，整
理這些團隊，使他充實自衛的力量，必得要事權集中，
這也是大家的主張都很一致的。所謂事權集中，就是教
練統一，調度統一，經理統一，人事統一，從前各區各
鄉自由籌餉，自行辦團，那是要不得的。就是以縣為單
位，各分畛域，甲縣的團隊，不能調到乙縣去增援，此
疆彼界，那也是要不得的；所以整理團隊，第一步必須
由縣集中；第二步由行政督察區集中；第三步纔由省集
中。現在各省的團隊，好些縣份第一步的集中，多已做
到了。可是各縣團隊的槍枝和給養，都是由各縣自行負
擔。團隊的使用和管轄，若是調離縣太遠，恐怕誠信未

孚，人民不免驚疑。如果馬上就由省來集中，恐怕絕不易做到。目前最有可能性的，就是進一步由各行政督察區集中，由各區專員統籌支配，那是我們各省區應該向這一步一致前進的。

3. 公安

各省公安事項，這次都沒有詳細報告。其中浙江對於陸警的整頓，湖北對於水警的整頓，比較的努力。我國地方的治安，照現代國家的辦法，應該憑憲兵警察去維持，不能常把軍隊來負地方治安之責，軍隊是為國防用的。如果長此憑軍隊來分防剿匪，不但軍隊不能澈底整理集中訓練，而且軍紀風紀，必一天壞一天，結果弄到不能維持治安，反要騷擾地方。所以我們實施警察政治，來替代軍事政治，實有絕對的必要。可是我們各省的城市農村，都辦起憲兵警察來，絕對非現時人力財力所容許。我以為除有名的都會以外，一切城鎮農村，都應一律辦起保甲來，如果保長甲長切實加以訓練，又有壯丁隊和保安隊來輔助他，他的效用，一定比仿效外國的憲兵警察來得大。費用也要省得多，因為保甲制度，由來已久，就是我國古代之農村警察。如果把現在各縣各市的警察經費，一律裁撤，移來作整理保甲和教練保甲之用，那不但可以達成維持治安的任務；並可以為建設地方的樞紐，這一點要向各位貢獻的！

4. 土地

治本的方法，是清丈，治標的方法，是查丈。此項事情，浙江、湖北兩省很為努力；江蘇、江西兩省，也在積極進行，有些縣份已經測量完畢。查清丈土地，為

建國大綱中所規定縣自治的五項要政之一，必須五項要
政都辦好，纔能實行縣自治。而五項要政中，實以清丈
土地為最艱鉅。日本是一個小國，維新後他費了十七年
繼續不斷的工夫，才把全國土地的測量清丈完成，才造
出完備的土地冊籍。我們各省分工去辦，縱用不了十七
年之多，然為現在之財力人力所限，恐怕最速也非繼續
辦理十年以上，不能把一省的土地清丈完畢。可是這一
筆經費，就很可觀。所以我們的土地問題，治本的清
丈，固非逐步邁進不可；然不能坐而久待，故治標的查
丈，尤為目前最急最要之需。查丈的辦法，就是各縣以
原有的鄉鎮區域為標準，劃定界線，繪具草圖，然後將
各鄉各鎮界線內之土地，依其天然依形勢，再劃分為若
干段，規定土地清查單的樣式，把要清查的事項，如業
主的姓名籍貫職業住址，土地所在地之名稱、種類、坐
落、四至、面積，每年之收穫量及正稅附捐、契券之有
無，及糧串之戶名、號數，佃戶或其他使用人姓名、住
址，及租額等等，均規定在清查單中。由縣政府發交各
區保甲長，轉給業主或其代理人，依單填報，再由區公
所定期派人會同業主及保甲長，挨起丈量，列單繪圖。
按段編號，造成土地清冊。如果認真辦理，每區一年半
年即可辦完，這種查丈，不但可以改正已往之魚鱗冊。
於整理田賦，大有裨益，且亦為將來治本的清丈萬不可
少的初步工作。現在湖北、江西正努力向此進行，各省
也可一律仿辦。但期各省能於治標的查丈工作，早日完
成。則五項要政中之土地清冊問題，就有了相當的基
礎。也就可試行自治，促成憲政了。

5. 積穀

這項要政，是兩年以來委員長所積極提倡的，不啻三令五申。這次各省積穀的統計報告，很不完全。就現在有所知的，當以湖南的成績為最優，浙江次之。其他各省或缺而未報，或所報的數量均極有限。湖南全省除桑植一縣外，各縣均有積存，全省總數已達二百四十萬石之多。浙江方面聽說也有一百多萬石。其他各省，則不及定額更遠了。積穀所以備荒，豐年存入，凶年沽出，實有調節糧價救濟民食之重大意義，為中國自古以來的要政。民國而後，漸漸廢弛。所以弄到省地方，凶固成災，豐也成災，這兩年來，因為穀賤傷農，農村的凋敝，一天厲害一天，完全失去了調節救濟的工具和效能。各地方的義倉社倉，實在有趕緊規復力加擴充之必要。那是盼望各省遵照委員長前年去年迭次頒布的積穀令，努力去辦的。

以上是民政方面，在各省報告之中，比較值得注意的事項。

（二）教育部份

十省的教育，當然以浙、蘇、湘三省為最發達，也就因為這三省的憑藉較為深厚，地方也較為安全。無論質量和數量，都很有增進。其他如贛、皖、鄂、豫四省，雖屬被匪省份，然兩年以來，於革除已往的惡習，開拓未來的新機，也很顯出他的努力。閩、陝、甘則又次之。閩省想是因為已往之政治環境不良，陝、甘則是連年災荒紛亂，財政奇困，不能有顯著的進步，那是不

足為怪了。

聽了十省教育廳長的報告，各有各的特殊情形，也各有各的特殊困難，可是推進現在的教育，大家感想所及，有好幾點很共通的。

第一、都覺得社會教育，比學校教育更為要重。

現在入校讀書，幾乎已變成資產階級的獨占事業。近年農村破產，百業蕭條，一天一天的尖銳化普遍化，要送子弟到學校，就供給不起他的學繕費。大多數的人，想把他子弟，讀完小學的程度，就不可能。如果還是專講學校教育，不注重社會教育，則這種教育就與大多數的人民無干。可是辦理社會教育，絕不是在城鎮裡多設幾所民眾教育館，或是多放演幾次幻燈電影，所能了事。必須先注全力去做識字運動，和委員長最近倡導的新生活運動。一面編定課本，用最扼要最強制的方法，來掃滅全國文盲。把現在已識字讀書的人，都要強迫他負上一種教人識字的義務。每人要他教一班或兩班；成了識字的總動員。每一個不識字的人，都要他上三個月或四個月的識字課。輾轉傳習下去，必須教育者與受教者兩方的義務，俱盡而後止，一面在這種識字課本中，就把生活應該如何改革的道理，就是禮義廉恥要從日常生活之食衣住行表現出來的道理，和其他必不可少的國民常識，都採一點寫在裡邊，切實講演，等到課本念完了，普通常用的字都認得了，做人和做中國人的道理，也就稍稍明白了。然後再施以其他各種之社會教育，那一定事半功倍的。現在東西各國注重調查失學兒

童，屬行學校的義務教育，我國就要先調查失學壯丁，屬行非學校的民眾教育。因為失學兒童。為二十年後社會之中堅，其無知無識之貽害國家，尚在將來。失學壯丁，為二十年內社會之中堅，其無知識之貽害國家，即在現在。全國這些失學壯丁，又絕對無入校讀書的時間和財力，若是我們不趕緊另想辦法，切實去做識字運動，和新生活運動，恐怕一切的東西，都灌輸不下去。連一切政教設施，也都是白費心。除此而外，若是單講其他的社會教育，民眾教育，不急其所急，恐怕就流於裝飾品了。這是小小一點意見，要向各位貢獻的。

第二、都覺得職業教育比普通教育更為重要。

我國幾千年傳統的觀念，讀書人以不治生產為貴為榮，所以「士」自成一界，與農工商並列平排。凡為「士」者，即不甘於經營農工商業，亦無經營農工商業之技能。凡為農工商業者，則自始不要讀書，或是讀不了書而後改業。因為讀書之目的，就是想在朝為「官」，在野為「紳」。故「士」就是官與紳之總稱，其志既不在為官為紳，當然用不著讀書了。讀書人別有企圖，也當然不知農工商為何物了。這種傳統的誤謬觀念，相沿下來，直流毒到現在的學校教育。凡是辦學校的，多是重普通教育，而不注重職業教育。凡是入學校的，多是學了一點普通學科的知識，得了一張畢業文憑，飢不足以為食，寒不足以為衣，還是專向為官為紳這一條狹路去鑽。從經濟方面說，入校讀書的人，多是分利而不能生產的人。換言之，就是製造了好些社會之

蠹。從政治方面說，學校裡畢業的人愈多，愈無出路，徬徨煩悶，遂不擇手段，無所不為。這就是中國貧困紛亂，日即敗亡，不易復興的根本原因。到了現在，實不能不加以一番澈底的改革了。聽了各省的報告，對於職業教育，很像多能注意，或是從事創造，或是設法擴充，可是都市的職業教育，固然很重要。農村的職業教育，尤為重要。中國以農立國，一切工商業，一時尚不易發達。最好學校多設在農村。每一個學校，無論購地或租地，都要附設一個學校的合作農場。作為農村中改良農產品及副產品之中心，教職員與學生都要一塊耕作，回復我國古來半耕半讀的生活。北歐丹麥等國，這種制度最盛行，很值得我們參考。這也是一點小意見，要向各位貢獻的。

第三、都覺得「教訓合一」、「建設合一」之重要。

教訓要合一，建教要合一。這個口號，是兩年以來委員長積極提倡的，經三省總部一再通令實行。近年學風日壞，都因為學校裡比較最認真的，也不過依正時間，上足課堂，就完事，關於學生的管理，尤其對於學生的訓育，概不注意。弄到多數學生毫無進益。甚至無所不為。這真是誤人子弟，大家也不敢送子弟入校讀書了。想挽救過來，非教職員人人實行「教訓合一」的口號，同時負上教育與訓育的責任不可。所謂「建教合一」，就是建設廳所辦的事業，與教育廳所辦的教育，要打成一片，不可各自為政；不但建設廳經管之工廠農場，要給教育廳所辦之工校農校充分利用；而且建設廳

所需要的人才，必須教育廳替他一一訓練出來。尤其教育廳所辦的學校，要針對各該地方官辦民辦的建設事業，和一切產業之需要，那纔能供求相應。這兩個口號，兩年以來，各省都已很能注意到；但是仍得要切切實實去推行的。

第四、都覺得收復匪區有實施一種特別教育的必要。

贛、閩、豫、鄂、皖五省地方，久被赤禍，匪區民眾，概受了匪的組織的訓練，更有所講列甯小學，一縣多至數百所，為麻醉青年的利器。這種思想上的流毒，實較有形的匪患更為厲害。凡經匪化的青年和兒童，不但不知三民主義為何物，就是日常生活應守的秩序和習慣，也茫然不知，所表現的舉動和意識，都反常悖理，駭人聽聞。他們認蘇維埃是他的政府，列甯是他的太祖太宗，那更說不上甚麼國家觀念和民族意識了。這些地方，這些民眾，收復過來，若不對症下藥，根本上施以一種有效的治療，恐怕蔓延滋長下去，整個民族的生存，仍是受他的脅威。江西蓮花縣匪患甚久，去年收復，縣政府把各村受過匪化的兒童，都施以類似軍事的組織，每天授以黨義、精神講話、國民常識、唱歌、游戲和兵操等等，每星期日召集各村隊長，加以訓練，試辦數月，成效大著。不但漸漸的覺悟過去被匪欺騙之不當，並信仰三民主義為救國唯一主義。又能幫助壯丁隊放哨，擔任查驗路單，協助封鎖和偵查；其工作效率，較之成年壯丁差不多，而敏捷過之。由此看來，凡是收復匪區，實有仿照蓮花縣的辦法，普遍施以一種特別教

育之必要。委員長現決定在行營附設一個贛、閩、豫、鄂、皖五省特種教育委員會，訓練師資，寬籌的款專辦五省收復匪區之特種教育事宜。在匪區各鄉，普設中山民眾學校，分為兒童班，成年班，婦女班，嚴格的施予一種管教養衛的訓練。這種事業之發展，自然與善後經費有關。然無論如何困難，必當設法妥籌，努力推進的。

除以上各項外，如主張多編鄉土教材，為提倡民族教育的基本。主提倡音樂教育，為推行社會教育的利器，在陝、甘兩省，民族複雜，主張應同時注重回藏教育。這都是這次在各省報告中，最值得注意的事項。

（三）建設及財政部份

這次十省高級行政人員集會，財政、建設兩廳長，本來奉召列席。可是各省的建設及財政情形，根據省府秘書長及各專員的報告，也就可以得其大概：

第一、建設方面

當然以各省修築的公路為最發達，電話和水利，亦略有成績。

委員長鑒於剿匪軍事，和一切政治經濟，均與交通方面，有密切的關係，所以二十一年十一月，在漢口總部召集蘇、浙、皖、豫、湘、贛七省公路會議，當時議定了七省聯絡公路幹支各線，規定公路工程標準，公路概算標準，和督造辦法。並決定由全國經濟委員會，負責督率修造。這一年半以來，根據行營現在由各方所得

的報告，其修造經過的情形，大概如次：

（子）路線規劃

　　七省聯絡公路，共計有十一條幹線，長約一萬二千公里。六十三條支線，長約一萬公里。全長二萬二千三百餘公里。所有幹支各線，按事勢需要的先後，分為五期興築，每八個月或十個月為一期。預定三年內全部完成。至於必需提前趕築或增築的路，就臨時令飭各省建設當局遵照趕辦。茲將七省公路聯絡幹線列左：

一、京陝幹線	全長九四八公里，由浦口起，經過皖、豫兩省，達陝省的紫荊關。
二、汴粵幹線	全長一六八〇公里，由開封起，經過豫、鄂、贛三省，達粵省的南雄。
三、京黔幹線	全長一七九一五公里，由南京起，經過皖、贛、湘三省，達於湘省的晃縣。
四、京川幹線	全長一二三九公里，由京陝幹線浦口至合肥段起，經過皖、鄂兩省，達鄂省的利川。
五、洛韶幹線	全長一八〇九公里，由洛陽起，經過鄂、湘兩省，達粵省的韶關。
六、歸祁幹線	全長五九三公里，由商邱起，達皖省的祁門。
七、京魯幹線	全長三九六公里，由南京（浦口）起，達魯省的台兒莊。
八、京閩幹線	全長八四〇公里，由南京起，經杭州達閩省的福鼎。
九、海鄭幹線	全長六五一公里，由東海起，達豫省的鄭州。
十、滬桂幹線	全長一六八六・五公里，由上海起，經過浙、贛、湘三省，達桂省的桂林。
十一、京滬幹線	全長三〇七公里，由南京起，東達上海。

　　此外七省公路聯絡支線，則分省劃定如左列：
一、在河南省境內的，計九線，全長一五六一公里。
二、在湖北省境內的，計十五線，全長二四七〇公里。
三、在安徽省境內的，計十三線，全長一五九〇公里。

四、在江西省境內的，計八線，全長一一四四公里。

五、在江蘇省境內的，計十六線，全長一二四七公里。

六、在浙江省境內的，計十一線，全長一一〇三公里。

七、在湖北省境內的，計二線，全長六五七公里。

（丑）撥借築路基金

各省財力不充裕，籌措築路款項，或者有些困難，即由全國經濟委員會籌集的款，定為「築路基金」，凡各省築造聯絡公路，除地價遷移土方等費，應歸各省自理外，橋梁涵洞路面及特殊工程路款得向全國經濟委員會請借。按照規定手續，先行造具工程計劃預算，送該會審核。其請借最高數額，除特殊工程外，可借至各該項工程百分之四十；其餘百分之六十由各省自籌，省當當局，都知事關重要，復有此種基金可資撥借，幫助不少，所以對於修築公路事項的都能積極進行，更有因地方連年遭匪，凋敝已甚，在短期間內，實難如額籌足百分之六十路款的，就由豫、鄂、皖三省總司令部或南昌行營，酌予特別補助；或令飭駐在地各部隊，屬行軍工築路辦法，盡量協助，總求如限完成。

（寅）進展狀況

自從七省公路會議閉會後，即規定各期應行修築幹支各線，送交全國經濟委員會，造表分函各省建設廳照辦。並從那個時候起，著手興築，按照工程進展實況，分期撥借築路基金。計自二十一年十一月，為時雖不及一年半，而督造及主辦各當局，對於公路工作，皆能

計日程功，協力奮進，頗有蒸蒸日上景象。據本年三月份之調查統計，各省幹線及支線的進度概況，如左表所列：

省別	可通車路線長度公里	已興工路線公里長度	未興工路線公里長度
河南	670.0	40.0	400.2
湖北	344.0	550.0	476.4
安徽	841.5	68.5	454.0
江西	1,481.4	330.5	286.0
江蘇	474.0	116.0	796.0
浙江	519.0	482.0	50.0
湖南	101.0	361.5	291.5
總計	4,430.9	1,948.5	2,754.1

以上所列，皆七省聯絡公路會議後所規定的路線，及展築的進度，至於以前所築已成的各線，皆不計算在內。若彼此併計，則七省境內竣工通車之路線，已在一萬公里以上。其中以江西為最努力，安徽次之，這最值得讚美的！

（卯）擴大聯絡路線

七省聯絡公路幹線支線之總長度，原定為九一三三‧五公里，現在已通車及已興工的兩項合計數，為六三七九‧四公里，已達原定計劃百分之七十，今後尤應及時擴展，使南北交通，連貫一氣，俾得發展經濟，便利軍運，克收如身使臂，如臂使指之效。現在已定應行擴展之聯絡路線，擬先從陝甘、福建兩方面，同時並進：

一、陝甘方面

除潼關至西安，原已修有簡易汽車道，勉強可以通車。且隴海鐵路，內甘即可通至西安，可不再築公路外。西安至蘭州，約長一千餘公里的西蘭路線，已由陝兩年省當局，擬送詳細計劃，由本行營核轉全國經濟委員會，遴派得力工程人員，前往會同兩省地方政府施測趕築。並已設立了西北公路管理等籌備處，籌備運輸業務及車務管理等事，隨同西蘭線修造工程進展，逐步通車。此路完成後，更擬先從蘭州展築至古浪，使由內地達於新疆之新甘大幹線，得以先具端緒。更另由西安展築至漢中，再由漢中西築至天水，東築至安康，使與湖北之老白線，有互相銜接的準備。

二、福建方面

閩省自築之閩粵公路，自福州經過莆田、惠安、晉江、同安、龍溪、漳浦、雲霄、梅州、韶安而入粵境，僅梅州與韶安間之數十里，尚未完成，餘已全路通車。漳州（即龍溪）龍岩線，福州馬尾線，均已完成。其形勢為偏於閩省的東南部份。在閩西、閩北，皆尚有待於發展。現在為使閩省的交通及軍事運輸，獲收各省聯絡之效，並使與浙、贛兩省一氣呵成起見，另築閩贛、閩浙兩幹線及其他各線，使之形成公路網。一經築成，其長度總數當達三千公里，閩西、閩北的各縣交通，都可脈絡貫通，崎嶇悉變而為坦途了。

1. 閩贛幹線	自福州起，經過穆源、水口、南平、順昌、拏口、邵武、光澤到彬關，而達於贛省的南城。
2. 閩浙幹線	自南平起，經過建甌、建陽、永吉驛、浦城至二十八都，以入浙省境內（即浦延線）。
3. 建邵光黎線	自建陽起，經過邵武、光澤，而接至贛省的黎川。
4. 建崇線	起建陽，達崇安。
5. 龍汀線	起龍岩，達長汀。
6. 南沙永連線	自南平起，經過沙縣、永安、連城而達長汀縣的朋口。
7. 邵泰建線	起邵武，經泰寧，而達建寧。
8. 延順將泰線	起延平，經順昌、將樂，而達泰寧。
9. 建化汀線	起建寧，經寧化，而達長汀。
10. 徐明清線	起徐坊，經明溪，而達清流。

以上各線，今均在福建當局及駐軍，會同趕築中。

第二、財政方面

十省之中，經過三省總都及行營加以一番整理的，計有豫、鄂、皖、贛、浙、蘇等六省，根據整理的結果，所發現各省財政的通病有三點：

（一）經費支出，年年激增；

（二）所增多屬機關費，而非事業費；

（三）收入方面，並無確實增加。

而二十一年度所增加之經費，較之四年以前，竟多至一倍；或兩倍以上；出入相差之額，愈積愈大，以至拖欠折扣，無所不至，恐慌紊亂，達於極點，使一切政務均受其影響。二十一年夏，委員長就任豫鄂皖三省剿匪總司令之後，以該三省為剿匪區域，其地方財政狀況，與剿匪工作，關係至為密切，急於要切實整理。其進行的步驟，先調查財政原有狀況，再籌擬節縮辦法，核定整理方案，然後確定新預算，力求收支適合，為強有力之實施。三省辦竣，更進而整理江蘇、浙江兩省之

財政。至二十二年度，又進而整理江西省之財政，並調整其歲入歲出之預算。各省整理的經過，及現在的情況，大概如下：

子、河南

核定河南財政整理方案，為：

（一）節縮經常政費，由每月七十四萬元，縮至五十萬元；

（二）月撥營業稅五萬元，充償還債務費；

（三）確定建設費全年九十一萬餘元；

（四）寬列行政督察專員經費及預備費；

（五）維持教育費專款；

（六）整頓各項經常歲收；

（七）整頓各項臨時收入，籌足剿匪築路修理河堤等重要支出。

歲入歲出預算數，二十一年度全年，同為一千零十二萬六千六百五十八元（連教育專款二百萬元在內）。二十二年度全年，同為一千一百九十二萬零三百五十八元。現在該省之建設費債務費，均已確有著落，苛擾病民的禁烟罰金，已於二十二年一月實行撤銷。各縣所設公安、建設兩局，亦分別裁併，改歸縣政府辦理，以節經費。

丑、湖北

核定湖北財政整理方案，為：

（一）節縮經常政費，每月由一百八十九萬餘元，

縮至七十萬元；

（二）每月另以三十萬元為省公債基金及攤還借款
　　　本息之的款；

（三）省債還清後，即每月以三十萬元改充建設
　　　之用；

（四）應臨時支出之剿匪費，核定籌款之辦法及財
　　　源，令飭照辦；

（五）添列行政督察專員經費及預備費；

（六）依照營業稅法改訂營業稅稅率；增加新收入。

歲入歲出預算數，二十一年度全年，同為一千七
百八十九萬一千一百八十八元（連漢口市之全年
三一六九四一六元在內）。二十二年度全年，同為一千
八百八十一萬六千三百六十二元。現在該省所發各公
債，已均能按期還本付息，即積年倒兌湖北官錢局台
票，稱為甲種公債的，鄂省亦已定有清理辦法，呈奉委
員長核准，澈底清理。

寅、安徽

核定安徽財政整理方案，為：

（一）凡預算上虛列各收數，分別剔除，使所列收
　　　數，悉歸實在；

（二）節縮經常政費，由每月一百十六萬餘元，縮
　　　至六十八萬餘元；

（三）補列行政督察專員經費及預備費；

（四）建設費項下之公路建築費，另造特別預算，
　　　與普通預算畫分界限，以防挪用；

（五）公債償還費，列為支出款目，設立公債基金
　　　保管委員會，如期付還公債本息。

歲入歲出預算數，二十一年度全年，同為一千零四
十一萬二千七百三十九元（連中央教育協款一百二十萬
元在內，照滿收滿支改正案）。二十二年度全年，同為
一千一百三十二萬八千九百五十一元。皖省所辦營業
稅，向無起色，現已飭令切實整頓以裕稅收，其向來虛
收實支之積習，亦已能逐漸滌除。

卯、江西

江西困於匪禍，已經數年，其財政上所感之困難，
自然較他省更甚。故其整理，亦較他省為最難。其歲入歲
出預算核定數，二十二年度全年，同為一千七百三十七萬
四千五百九十六元。其中最為特殊之點，即匪區新收復各
縣，全無收入。其縣行政經費，按月應由省庫直放，收不
敷支各縣，亦核實酌發行政各費，以資補助。至最近以
來，剿匪工作已極有進展，全匪區及半匪區各縣，均
已次第收復，江西省政府秉承委員長的意旨，和中央
院部的指示，擬將各縣之田賦附加，減至正稅百分之
七十，並取消畝捐，同時將迹近苛雜之各項稅捐，切實
裁撤，期使久困之民，得減輕負擔，而暫由中央每月補
助二十五萬元。因為他的整理財政工作的步驟，已與剿
匪工作的步驟，同時進展獨能於艱難困苦中，一面力求
經常收支之適合，一面利用為數有限之鹽稅附加，抵借
債款，建築了很多的公路，這是最難得的。

辰、浙江

核定浙江財政整理方案，為：

（一）省黨務費照七成減支；

（二）行政費以五成至八成分別減支；

（三）非急要之各會處及科目，一律裁撤或歸併；

（四）保安隊七團，減為四團，並改組內河外海兩
　　　警察隊；

（五）各項補助費，分別停支或減支。

其歲入歲出預算數，二十一年下半年度，同為一千
零五十一萬四千零零四元。二十二年度全年，同為
二千二百六十一萬五千六百三十七元。同年度預算案所
列各數，凡合於左列標準之一的，均經分別刪減。

一、上年度裁撤有案者；

二、上年度所無者；

三、為法令所不許者；

四、收數與支數之比例相差太甚者；

五、未經省政府核准者；

六、可併入其他機關辦理者；

七、可從緩辦理或無關重要者；

八、非省庫必應負擔之經費，而僅係予以補助者。

浙江省在著手整理財政之始，該省當局，極為努
力，所編新預算支出總數，較之飭辦原定標準，更為低
減。曾由委員長明令嘉許。但浙江積年負債太重，雖經
分別展期償還；然每年收入，仍然耗於還債者為最大
宗。自前年一二八滬變，及去年閩變，致浙省增加臨時
支出，影響及於預算定案者，亦復不少；加之以建設事

業，過於急進，力有不逮。浙省財政不能即趨安定穩固，實以此等事實為根本原因。

巳、江蘇

核定江蘇財政方案，為：

（一）應力求收支適合，不再踏虛收實支之覆轍；

（二）屬行裁、減、併，三項辦法，就支出方面，力求縮減；

（三）公安費經臨各款，及報館津貼等非急要之科目，分別歸併或裁撤；

（四）測量隊經費，應定展長期限辦法；

（五）教育、建設、實業、民政，各項專款及債務費，應另行擬具辦法，切實整理。其歲入歲出預算數，二十一年度下半年度（整理該省財政時，已屆二十一年度底故僅就下半年度辦理），同為五百九十萬二千元（各項專款在外）。二十二年度全年，同為二千二百萬四千八百五十五元。江蘇財政的缺陷，為歷年以來，各主管機關，動輒設立專款名目，自收自用，各不相謀，演成財政上互相割據的局面。預算雖經核定，然終因出入相差至四百餘萬元，不能大刀濶斧，切實縮減，尚未實行。今據蘇省省政府報告，已切實整理，屬行統一財務行政。除教育專款，係經中央政治會議議決，仍當維持原案外，其餘各項專款，均解交省庫統收統支，而預計不

能相抵者，不過二百萬元左右。此為江蘇財
政漸有進步之佳象。

當今國難未紓，民力凋敝，中央與地方財政，均在
萬分困難左支右絀之中，如果不極力緊縮，處處撙節，
赴以刻苦匭勉之精神，決不足以充實國力，開發建設，
而完成興復國家之任務，故對於核定之各省預算，均應
認真執行，一洗從前漠視預算之積習。現在剿匪工作，
既甚進展，已擬擴大整理財政範圍，使豫、鄂、皖、
蘇、浙、贛，六省以外之各省，亦逐漸予以整理。委員
長又鑒於從前各省之稅捐收入，多由各主管機關指作專
款，自收自用，不經省庫存放，遂致財政情形，日趨紊
亂，若不極予矯正，統一事權，決不足以推行完善之政
治。因此通令各省當局，屬行統收統支辦法，各種事業
費，非有絕對必要，切宜少定專款。這就是整理財政方
案中，更進一步的辦法，希望各省當局，切實照辦的。

（四）地方政制部分
一、關於省政府制度應行改善之問題
此次集會，江蘇省政府程秘書長，就省政府制度之
改善，建議幾種很有價值之意見，足資研究，查改革省
制問題，如前去年九月，委員長在盧山，曾以刪機牯
電，徵詢湖北張主席對於省政府組織，及行政專員制度
的意見，後來得到張主席十月支電的答復，關於省府組
織方面，有下列幾點重要的意見：
（一）省府各廳處於現制之下，先行合署辦公，一切
　　　文書皆以省政府名義行之，各廳處主管事項由

　　各廳處長副署。

（二）合署辦公後，各廳處上對主管部，省政府，下
　　　隸各縣，及各廳處相互間，可省去往來層轉文
　　　件之煩，人員經費，亦可節其半數。

（三）除保安處經費應按軍事機關編制另議外。綜計
　　　湖北省府及四廳經臨各費，全年共約一百二十
　　　萬元。若節省半數移作各縣縣政經費，即可使
　　　縣政經費增加二分之一。

（四）此制實行，省府有意志統一之效，各縣無政令
　　　紛繁之苦。功令既行，情感易通，其效不僅在
　　　節減經費而已。

　　委員長覺得張主席這些意見，極有見地，但為商討
不厭求詳起見，一面復電指示張主席：

（一）省府及各廳處合署辦公，可以相當的矯正以前處
　　　理文書，發佈政令之隔閡矛盾重復迂滯等通病。

（二）合署辦公有無能容納省府及各廳處於一堂之公
　　　署？如無公署地點，只能集合各廳處主幹人員日
　　　詣省府承值，則省廳處間辦事依然散漫混淆。

（三）如無公署地點，即令一切文件由省府總收總發，
　　　則分辦後概須主席核行，廳長副署，主席一人精
　　　力有限，如認真鈎稽，必多積壓；如草草了事，
　　　又全失行政監督作用；且廳處若處分不當，主席
　　　即不能再行中止或撤銷之，無法以濟其窮。

（四）省政較之中央一部更繁，向例部中司署，因所屬
　　　機關較多，得發署令，以便指揮，則各省之廳

令，恐亦不能完全廢止，即省廳之中，民財與建教之情形，亦各有不同，尤應妥為厘定。

一面以本問題往復討論大意，分電豫、皖、贛、浙、蘇、陝、甘，各省政府共同研究，囑其簽註意見。嗣後陸續收到各省答復上項問題的文電，頗能發揮盡致，其中皖省劉主席和浙省魯主席的意見尤多精義。

劉主席的意見是：

（一）合署辦公，在精神不在形式，民國以來合署辦公，及分廳辦公均已實行，結果利弊互見，皆因有合署之形式而無統一行政之精神。

（二）現制省行政機關府廳分為兩級於政治原理似有未合，惟吾國省區闊大，且歷代官制，均有兩級制之精神，此種特殊組織，一時不易變更。

（三）現行之委員會制，兼主席與各兼廳長，均係省府一份子，發佈省令應以省府名義行之，由各廳主管廳長副署，各廳與直轄機關之令，不得與省令抵觸。

（四）省政以民、財、建、教，分廳，縣政亦須同樣分科，省政之由某廳主辦，及縣政之由某科主辦者，只於文首加某廳或某科案呈字樣，直接由縣府上之省府，由省府上之中央各主管部會，則手續自易敏捷。

（五）省府秘書處規模既狹，專家亦少，審核各廳處案件，殊難確定准駁，頗失監督其義，應提高組織，多延專門人材，期收省政統一之效。

　　魯主席的意見是：

（一）現行省制之弊，各廳處本為省府組織中之一份
　　　子，因積習相沿，形成兩級，中央各部會認省
　　　中各廳處為其直屬之機關，相互直接行文，省
　　　的行政系統不明，省府權責不專，以致發生隔
　　　閡、矛盾、重復、迂滯、浮濫諸弊。

（二）改善現行省制之辦法，各廳處長直接對省負絕
　　　對責任，無論對上下行文，概以省府名義行
　　　之，由主管廳處長副署，實行合署辦公，集
　　　結各廳處於一整個省府之內，則在任何制度之
　　　下，均能收統一簡捷之實效。

　　　我們經過了上項的討論，並與各方省政負責人
　　　員反覆研究，關於現行省府組織的改善，可以
　　　歸納為下列幾項原則：

　　（子）澈底的合署辦公，事屬必要，如顧慮無此
　　　　　適當之房屋，可將原有各廳處之衙署，標
　　　　　賣一部分，另建規模宏大之新公署。

　　（丑）組成整個省府之機關份子，除委員會本身
　　　　　外，祇應為民、財、教、建，四廳，及秘
　　　　　書、保安兩處，此外不宜再設地位等於廳
　　　　　處之機關，以免權責混淆，政令繁雜之弊
　　　　　（公路、土地局、水利局等，必須使之隸
　　　　　屬於廳）。

　　（寅）各廳處除在不抵觸省令之範圍內，對其直
　　　　　屬機關得酌量發佈廳處命令外，上對中央
　　　　　院部會，下對專員縣長之行文，均應由主

席核行，主管廳處長副署，由某廳處主辦
之事項，文首即加某廳處「案呈」字樣，
權責自易分明。

（卯）省行政機關府廳分為兩級之慣例，實無繼
續存在之必要，應由各廳處長直接對省府
負絕對責任，省府對中央負責任，省之各
廳處與中央各部會，彼此不直接行文。

（辰）省府秘書處，應延用專家，酌量添設參事
及設計專員名額，以為審核各項章則法規
計劃及研討各種重要問題之助。但不可使
此類人員，變為坐領乾薪之冗員。

（巳）省府及各廳處如合署辦公，必須將原有人
員經費核減一半，即以所節之款，移作增
加縣政區政經費之用。

以上六項原則，誠屬卑無高論，現在中央對於改革
省制，正在籌擬實行，但欲改定全國一致均可通行之省
制，恐一時尚不易辦到，如何改革演進，必須經過相當
之試驗期間。試而有效，然後採之以為定案，公布全國
施行，此為最穩健之步驟但在此過渡時代，似不妨把以
十六項原則，制定一種種方案。由剿匪五省或此次集會
之十省，先行試辦，以增進行政之效能。這種方案俟起
草完成，呈候委員長核定後，當一面呈報中央，准予備
案適用。一面通令各省照辦。這一年來關於這個問題的
討論，亦已發揮盡致，各方實際的經驗，已一一說出，
根據這種極有經驗而發明之原則，來制定方案，我們相
信必可收效的。

二、關於專員制度應行改善之問題

聽了各位專員的報告，可以知道專員制度之設置，確應乎實際的需要，而於剿匪省份尤見明效。自此項制度實施以來，雖為時不久，然從治安、交通、吏治、財政各方面觀察，都有極顯著的進步。例如安徽一省，除邊區外，均僅駐極少數的國軍。鄂、豫兩省之多數縣份，亦復如此，而地方很安靜。遇著大股土匪竄到境內，雖然還要借重國軍，遇小股土匪，則本區本縣已足鎮壓一切。皖北向來多盜，現在夜間也可通行無阻，土匪不敢乘機竊發，這便是因為有了專員兼區保安司令，整理地方團隊，確實增加了自衛力量的緣故，又如各行政督察區內，多數都修了不少的國道省道或縣道，多架了若干電話線。各區內之縣政，貪官污吏，比之往年斂跡得多。地方財政整理，亦漸上軌道，苛捐雜稅，免除不少。因之土豪劣紳所憑藉以施其剝削的手段者，亦比之往年，大有畏忌，此皆為一般極顯著的事實。

然而專員制度的本身，也還有些缺點，第一是各省雖同樣稱為行政督察專員，而其編制經費職權等等，各有差異。除豫鄂皖三省專員條例，係由三省總部所頒布，完全統一而外，其他贛、浙、蘇，各省專員制度，皆由其本省自行創造，各依其地方環境的差別，而產生不同的制度。但現在分別實驗的結果，究竟那一省的制度，比較適當？已經見了分曉。今後似乎應該以那已有成績的制度為標準，各省整齊劃一起來，以便於上級機關的統轄，而期收到同量的效果。

其中最重要的問題，就是專員必須兼區保安司令，

及兼駐在地的縣長，其理由已詳見三省總部頒發專員條例之訓令中。兼區保安司令，纔能切實管轄和整理地方團隊，纔能逐漸謀人事經理調度的統一，纔能發揮分區設立專員的效能。這一點各省已逐漸了解，江西現已一律兼任，蘇、浙亦籌備改組，惟兼駐在地縣長一層，則意見尚未趨於一致。江西主張可兼可不兼，江蘇主張江南可兼而江北不必兼。其理由似謂安全區域可兼縣長，令其從容展布，有匪區域，專員宜注重所轄各縣團隊之編組民眾之訓練，不宜再以一縣政務，耗其精力與時間。還有再進一步之批評，說是既名為督察專員，就應顧名思義，專做督察縣政的工作，常常到各縣去巡視，根本上即不應兼任駐在地的縣長。因為一縣的縣政，最為繁瑣難辦，專員忙於縣的兼職就不能常常出巡，不免荒廢了他的督察本職。甚至兩樣都做不好，這是反對專員兼縣最有力的理論，本席也認為有詳加考慮之必要，似應從以下四方面，切實研究：

第一，如果專員公署之組織太簡單，經費太短少，找不著人才幫忙，當然不能再兼縣政。例如浙省專員，每月經費僅有規定一千元左右。不但不能責以兼縣，連專做督察的本職，恐怕也幹不成。又如江西的專員，以前每月僅二千○七十元的經費，公署中之佐理人員亦很少，倘若責以再兼一縣，則專員本身，恐怕也要自認幹不了，可是如果遵照三省總部所頒條例的編制，專員公署連縣兼的經費，每月有五千餘元之多，公署中之文職，有薦任秘書一人，有署員七人，秘書資格並且要做過一兩任縣長，纔能薦委，公署中之武職，又有副司令

一人，參謀副官各二人。其他技士及僱員，還不在內。有了這種比較完備的組織，責令他兼任駐在地的縣長，又有甚麼幹不下去呢。普通一等縣政府的經費，不過每月一千二、三百元左右，做縣長的還要幹。現在專員經費，不啻加了四倍，公署也擴大了組織，如果還說兼縣是幹不了，這種專員，不是無能，就是貪懶，祗想做高官享厚祿，而不想實際做事，那是根本要不得的。

第二，督察的意義自然免不了要到各縣出巡，可是若把常常出巡，作為督察唯一的方法，那就不免有點錯誤，須知要實行專員督察的職務，是要緊的就是充實專員督察的職權：

（1）用人方面

凡是管區內之縣長公安局長，雖由省府和主管廳任命，然必須給專員以考核之實權。凡是專員考核的意見，應加以相當的重視，以為黜陟之標準。如果區內縣長之任命，專員既不得與聞，縣長到任，也不由專員飭知。專員認為得力的縣長，省府卻把他撤換；專員認為溺職瀆職的縣長，縣府反加以維持。那就根本無從督察了。

（2）財政方面

凡是轄區內各縣預算的編成，決算的報告，及預算中預備費的動收，必須經專員的審核轉呈。新舊縣長的更迭，必須專員監盤交代。如果各縣的財政，專員無審核之權，則所謂督察，也就是徒託空言。

（3）團隊方面

凡是轄區內各縣的團隊，必須由專員集中管理，一

切人事經理教練調遣，都要統一於區保安司令部，纔能矯正現在團隊縣自為政區自為政之弊。進其行程序，必須專員先切實管轄一縣的團隊，先把他整理好，再把其他各縣團隊，陸續集中整理，纔能收效。如果專員祇有監督指揮團隊之名，而無管轄支配之實，所謂督察之本能，由是無從發揮的。

（4）公文方面

　　省府和各廳發布各縣之重要法令及文書，必須經由專員而下達，各縣對縣府及各辦的重要呈報，也得要經由專員的核轉。如果專員不能成為承上起下之樞紐，省府與各縣之間，上級交辦了幾件事，下級辦妥了幾件事，是否陽奉陰違？是否因循粉飾？專員均不得而知，則空言督察，自亦無所施其技。由此觀之，以上四種事項，倘給專員以充分的職權，就是安坐一室，也就可以實行其督察。若是專員並無此權，或是有權而不充分，那就天天拚命的在各縣出巡，席不暇暖，也是勞而無功，不能克收大效的。現在各省政府和各廳，每月以視察巡視，或調查等名目，派往各縣的委員，不知多少，連省委黨委及廳長親自出馬，到各縣考查的，也不知幾次。祇憑巡視，是不能盡舉督察之實的。那省政府隨時派出委員，便可了事，又何必特設固定的督察專員呢？可知專員能否克盡督察之責，在乎有無督察之實權，如果有了督察實權，一年之中，出巡一兩回，或是半年出巡一兩回，那是很夠的。或是專員自己出馬，或是專員與秘書副司令輪流出馬，那都可以行的。就是這一季都不出馬，把各縣長輪流召集考詢，也可以行的。督察的

方法，實在多得很哩，況且專員出巡的時候，有秘書、副司令代拆代行，秘書、副司令出巡的時候，專員自己留署看家，又何至因為督察而荒廢兼任之縣政，因為忙於縣政而不能實行督察呢？這都是一種不必要的過慮，欲解決這個問題，必須對症下藥，從用人方面，財政方面，團隊方面，公文方面，加給專員以督察之實權。現在行營打算把年來已得的經驗，續訂一種改善專員現制的條規，力求完備，以資補救，蓋問題之癥結在此不在彼，這是要請大家認清楚的。

第三，行政督察專員的名義，實在不能包括他的職務的內容，督察不過是他的重要職務之一。除督察而外，還有統籌和領導之兩種職務。這在專員公署條例第十二條，規定得很明白的。所謂統籌，就是因為轄區各縣，為財力人力所限，一時不能獨辦的事業，可與專員的兼縣合辦。因為專員的組織較完備，經費較充裕，所兼的又多是一等縣，地方收入也較豐，可以多所負擔，與各縣聯合起來，由專員主辦，而供各縣之利用。例如整理團隊，要開幹部訓練班，或班長訓練班；又如改良師資，或提倡農業，要設鄉資師範學校，或農林學校，都可由專員兼管之縣主辦，而令各縣選送學員。各縣分擔有限之經費，便可得到共同利用的利益。所謂領導，就是以身作則，一切要政，由專員所兼之縣，首先創辦，為各縣之表率，這是專員最重要之職務。蓋徒「作之君」，不如能「作之師」，而作之「師」者，非僅以命令督責，而須以實驗行動教人。不但安全縣區之政務推進，需要如此，就是有匪區域之編組團隊，訓練民

眾，安輯流亡，妥籌善後，又何莫不然？均非以實驗的
精神，不易收督察之成效。故不明甘苦，而衹事空評；
或是照例承轉，概不苛求，均不足以發揚督察專員制度
之精神。不兼縣之督察專員，殊難免此兩弊，將蹈於已
往道尹制或鎮守使制之覆轍，根本即無設立之必要。這
些理由，並不以安全區或被匪區而有差異的。再換一句
話說，其實專員兼任駐在地之縣長，與模範縣實驗縣之
用意略同，現在主張各省要設模範縣或實驗縣的人很
多，就是因為一省之大，為人力財力所限，想把全省
百十縣同時辦好，那是絕對辦不到的。不如集中精神，
先辦若干個模範縣或實驗縣，然後徐圖推進，較為切實
有效。是對於設立模範縣實驗縣之必要，多是承認的，
何以對於名異實同之專員兼縣，反發生懷疑呢？這是實
不可解！況且模範縣的性質，不過示人以模範而已，他
人是否必以我為模範，還是聽他人的自由。例如河北定
縣實驗改革之結果，各方批評就不大一致。甚至說他歷
時甚久，耗費甚大，衹做出這一點成績，殊不足以為模
範的。專員兼任縣長就不同，專員是領導前進的，在本
區各縣，應該跟住亦步亦趨，有命令服從的關係，不能
任意去取的。所以專員兼縣，是重在領導，與模範縣實
驗縣略同者在此；而與之不能全同者，亦在此。其用意
實較模範縣實驗縣更強而有力，這是要認清的。專員之
主要職務，既不僅為督察，督察而外，還有統籌和領導
之兩種要務。我們批評專員制度，自不可舉其一而廢其
他，這更要大家認清的。

　　第四，還有人說專員是監督官，不是執行官，如必

兼縣長，一面要他監督他縣，一面又要他執行縣政，一身兩役，不成體統。專員公署之秘書，既嚴格規定，必須曾任縣長確有學識經驗者，乃能薦委，何妨直截了當，把專員駐地之縣長，聽專員保薦，豈不體制分明，而指揮很靈便呢？這是一種調停論；仔細研究，也不見得一定比專員兼縣的結果優良。因為駐在地的縣長，雖由專員薦任，而專員公署與縣政府，則必須分家。第一，專員公署的經費，即不能與縣府的經費混用。縣府每月經費，還是千元上下，還是組織簡單，其不能充分辦事，與他縣同。更說不到領導他縣去辦事。第二，駐在地之縣長，如切實接受專員的指導，以求脗合無間，就得要事事請示專員辦理，由下級機關向上級機關請示，總不如同一機關之幕僚，向主管官請示之迅速。這不是因為分家，而辦事反遲滯了嗎？第三，就是縣長雖是專員所保薦，因為各人所處之機關不同，即各有各的立場觀點，因為立場觀點之不同，就是父子的關係，在公言公，也不能完全一致，彼此之間，總不免要有一點客氣。倘若駐在地縣長，完全不敢作主，就變成贅瘤，失了獨立或分立機關的作用；如果縣長於推行政務之進程中，還要自顧機關的立場，自求政策的貫徹，就不免與專員乖離，這與前清之「督」「撫」同城無異，所以清末把與總督同城的巡撫，一律裁撤，我們又何必再蹈這種覆轍呢？要之現在財政困難，縣政府的經費，不能普遍增加；縣長的地位，不能一律提高；縣府的組織，不能力求完備；在這種過渡時代，還是專員暫兼一縣，確有必要的理由。而試驗結果，也是專員所兼之縣，一

切要政，比較的有成績，這是不能抹煞的。

三、關於縣政府應行改善之問題

　　此次各位官長之建議，關於政府組織之改善，頗不
多見。如河南方秘書長主張規定縣佐治員資格，而保障
其任期，不以縣長之進退為進退，其理由極有研究之價
值。可是現在縣政府組織太簡，經費過少，佐治人員不
過六、七人至十數人。而最高待遇，月薪不及百元，以
之辦理照例之文件表冊，尚虞不及；況值國難嚴重，匪
氛瀰漫之際，縣政府所負責任，與所辦事務，實最重大
而最繁賾。若不增加其經費，充實其組織，實無以增進
效率，而完成其任務。委員長有鑒於此，曾通令各省，
飭將縣行政經費，儘量增加，並指示以最低限度之數
量。其後雖間有各事增加的省份，如湖北每縣月增加約
三百元，仍屬杯水車薪，與實際之要求，相距甚遠。其
他省份，則多未計議及此。固由於財政支絀，一時未易
籌措，然就其事態之重要性言之，確有從速實行擴充，
將不急之需，量予挹注，以赴事功之必要。湖北張主席
主張省府合署辦公，裁併人員，可節省半數之經費，移
撥各縣，這最值得研究的。尚望各位注意此事，早日設
法實行。其次各縣縣政府須集中權力，以增進效率；須
減少機關費，移充事業費。故縣府所屬各局，實辦事少
而冗員多，應儘量裁撤，由縣政府設科或併科辦理。豫
鄂皖三省總部曾經通令剿匪各省，本此原則，詳定辦法
施行。在豫、鄂、皖三省，實已裁併了不少局所，江西
省亦曾依此原則，議定若干標準，以定各局之存廢，然

迄令已久，各縣尚未完全照辦。這不但剿匪省份，有此
必要，其實非剿匪省份，為綜核名實起見，也有此必要
的。再其次，縣政府最感痛苦的事情，就是上級機關彼
此重復矛盾的通令太多，朝令夕改細如牛毛的規章太
多，限令調查填報的表冊也太多，例如前次通緝陳銘樞
的通令，有些縣份，接到七道，有些縣份，竟接到九道
之多。其他種種，都是如此。還有同是一件互有關連的
事，這個廳令叫這樣辦，那個廳令又叫那樣辦，很像各
說各的，彼此都不接頭，弄到無所適從。做縣長的，每
天要把奉到上級機關的訓令規章，都看一遍，就要頭腦
發昏，橫豎上級機關都把縣政府當作一個文書庫，都叫
他仰即飭屬遵照，如果縣長要把這些令文規章，都轉飭
到各區鄉去，或是出示布告起來，那就不知要添多少書
記，要花多少郵票。還有這樣那樣填報的表冊，更如雪
片飛來，其實從那裡調查起？上級催得緊，祗好分託幾
個紳士，或是完全交給書記，叫他閉門造車，胡說白
道，依照格式一樣一樣的寫上去。並且把這些數目字，
也要自造出來，上下矇騙，相率作偽，已成公然的事
實。這種自欺欺人的做法，到底有甚麼意思呢？近年以
來，各機關都喜歡作一種工作報告，各種報告中都喜歡
列成表格，填注統計，表示他的行政現代化科學化，這
種調查統計，明知絕對靠不住，也不能不把他裝飾起
來，那就把各省縣長弄苦了。如此重複矛盾瑣碎虛偽的
現狀，如果不能根本改善，則做縣長的，一天就是對付
這個，就忙不了，還說得到推進縣政的本職嗎？今後欲
求縣政之改進，我們就應知所從事了。

四、關於區公所制之改善問題

　　縣政府組織之應求健全敏活，已如上述；但縣以下的區制度之重要性，亦不亞於縣政府之組織，則似尚為一般人所忽視。查剿匪區內各縣區公所組織條例第五條所規定，應辦理下列各事項：

（1）補助縣長執行其職務；

（2）宣達區內奉飭遵行之法令，及調查報告區內各種情況；

（3）監督指揮區內保甲人員執行其職務；

（4）依保甲條例及其他法令，應由區長執行之職務。

　　是區公所所負任務有二：一為政府法令推行之中堅，一為自治自衛事務之管理，其性質與縣政府完全相同，不過區域較小而已。有人以為區公所是單純的自治機關，乃大錯誤。又通常多以縣長為「親民之官」，其實區長纔是真正的親民之官，故區公所不啻為國家行政的下層基礎。若組織不健全，區長以下各員任用不得人，則一切上層政治，無異建築在沙灘之上，終不得確實穩固。而事實上各省各級政府，對於區制之重要，似尚未十分注意。例如江西每區每月經費不過百元左右，區長人選，由縣長隨意保薦，民政廳照例圈委，既未嚴格規定其資格，亦未設法儲備此項人材。故一切政令，推行到區，非被擱置，即改面目。廉潔努力之風，縱盡力提倡，亦僅到縣政府而止。區以下仍為貪污土劣的剝削世界。如此情形，倘不急謀改善，則政治前途，實不堪設想。江西如此，他省可知。今將由行營制定改善區制方案，通令各省遵辦，其原則不外下列幾項：

（1）擴大區公所組織；

（2）確定區長區員人選之標準；

（3）提高區長區員之地位；

（4）籌增區公所之經費；

（5）保障區長之任期，並扶助其行使職權等等。

還望各位加以研究，俾得推行盡利。

（五）各督察區縣政實施的情形

督察專員制度創設之目的，原在藉專員之躬行振導，為轄區各縣長之表率楷模，使各縣長咸能奮勉有為，故考察縣政實施之狀況，即可知專員平日設施之當否，但是此次參加集會之各省行政專員，如豫、鄂、皖三省，係專員兼任區保安司令暨駐在地縣長者；如江西係專員不兼任駐在地縣長者；如浙江則專員之權限，與專署之經費，匪特遠不及豫、鄂、皖三省，亦且較贛省而有遜色。因此之故，關於督察區縣政實施問題，因各省專員現行之制度不同，自不能不劃為：

（1）豫、鄂、皖三省；

（2）江西省；

（3）浙江省；

三部份，而加以分析的觀察。

第一、豫鄂皖三省各督察區之情形

此三省共設督察區三十有二。督察專員公署之組織，係根據三省剿匪總部所頒布之組織條例辦理。就所費呈之工作報告而言，各督察專員所兼任之縣政，大都

較其他轄縣為優。對於轄區各縣，能負統籌兼顧之職責者固多，而未能切實領導統籌者亦復不尠。河南十一區中，團隊保甲，大致已編查完竣，其中以第四督察區所編練之民團，較有精神，第九區所轄經扶、光山、羅山、商城等縣，因接近匪區，殊鮮成效。建設事業除第三區之武安、汲縣及第九、第十兩區外，餘均有相當成績。各區教育皆漸有進步。惟第九區以經費無著，鄉間學校及社會教育，幾全呈停頓之象，各區財政則多能依據整理縣地方財政章程辦理，祇第六、第九兩區報告闕如，無從稽考。其他各項要政，辦理具有成效者，如第五區許昌縣之成立信用合作社七百餘處；第三區內黃縣之積穀五千九百餘石；第六區全區已建築碉堡一千一百餘座；第二區第七區之嚴厲查禁毒品，剷除烟苗；皆堪為吾人所稱道。湖北十一區中，保甲均已編查完竣。團隊除第三區無報告外，其餘各區類能注意訓練，而迭次剿匪著有成績之第五區隨縣團隊，實為首屈一指。建設事項，各區尚稱努力，其築路敷設電話最力者，為第四區；第十區所轄來、宣、咸、鶴等縣與第十一區全區各縣，或因匪患未平，或因經費奇窘，事實上殊屬無法進行。各區財政，據報均能逐步整理，第七區已取消苛捐雜稅六種，各項建設費亦均有法定專款，而專員兼領之江陵縣，且有五萬元贏餘團款，足證整理得宜。各區對於教育，亦尚能注重，以地處鄂西，飽經匪患之第十區恩施縣，年來亦能增加初級小學十三所，民眾教育館一所，殊屬不易。此外如各區之添建碉堡儲存積穀，與第四區黃安、麻城兩縣之嚴密封鎖，亦頗著明顯之效能。

安徽全省共分設十督察區。關於興辦保甲，編練團隊，整理財政，注意建設，發展教育諸要端，大都有詳細之報告；而第三區所轄六安、舒城、合肥各縣之保安團，成績特佳；第七區所屬阜陽等五縣之各項建設事業，亦有長足之進展。至倉儲禁烟兩項，各區類能加以注意，尤以第二區積穀達二萬數千石，第一、第三、第四、第六、第七各區剷除烟苗，根株悉絕，為能以實心行實政者。惟農村救濟，各區尚鮮良好成績，而土地處理一端，在全省各區之工作報告中，幾無此一項要政之記載，殊嫌忽略。

第二、江西省各督察區情形

　　江西省督察區，除第一、第四區、第十二區已裁撤尚未恢復外，現祗設有九區，內第八區係最近由本行營令飭援照豫鄂皖三省專員制度改組，其餘各區尚係沿用江西省舊有制度。凡此設置有督察專員之各區，大都為半匪鄰匪地方，故與清剿有關之各項要政，如保甲團練封鎖碉堡交通諸端，因事實上之急迫要求，遂悉呈異常敏速之進展。據各區報告，封鎖機關，遍處林立，公路電線，四通八達，各縣保甲，固已督促編查告竣，各地團隊，亦均略有肅清零匪之實力。全省碉堡已築成者，不下三千餘座。其中第九區所轄各縣，共築有一千二百九十座。財政類皆注重整理義圖，催徵田賦。倉儲除第八、第十兩區外，均各備有相當之數量。在清剿期間，教育自不容易普及，然第七區臨川縣民眾學校之推廣，與第八區施行族學之辦法，亦頗能著相當成

效，衛生與農村救濟兩項，各區均乏切實之設施，土地處理與禁烟事項，各報告中均未提及。

第三、浙江省各督察區情形

浙江省僅有六個行政督察特區，第一特區所轄常山縣團隊訓練頗佳，第三、第四兩特區禁烟尚屬嚴厲；第五、第六兩特區積穀均達十萬石以上；各特區對於建設事預，均無特殊成績，教育除四、五兩區無報告外，其餘各區亦頗能注意，農村合作事業，以第五區鄞縣所組織貝母運銷合作社，規模較為宏大，各區財政殊未能積整理，土地處理及衛生兩項，亦未能注重。碉堡第一區共建有九十八座，第五區共建有四十五座。

以上是就各位報告中之重要點，和建議中最值得研究之事項，撮要申述一番，作為這次集會的結論，本席個人的小意見，也附帶略為陳述，明知不免紕謬，還期委員長的訓示和各位的指教。

乙、保安會議之召集

出席列席人員一覽表

姓名	職別	附註
蔣中正	委員長大會主席	出席
熊式輝	委員長行營辦公廳主任	出席
楊永泰	委員長行營秘書長兼第二廳廳長	出席
賀國光	委員長行營第一廳廳長	出席
王又庸	委員長行營第二廳第一組組長	出席
項致莊	江蘇省保安處處長	出席
俞濟時	浙江省保安處處長	出席
馮劍飛	河南省保安處處長	出席

姓名	職別	附註
范熙績	湖北省保安處處長	出席
李 覺	湖南省代理全省保安司令	出席
蔡丙炎	安徽省保安處處長	出席
廖士翹	江西省保安處處長	出席
賴偉英	江西省保安處副處長	出席
蕭 乾	福建省保安處副處長	出席
鄭亦同	江蘇省南通區保安司令	出席
李亞平	江蘇省東海區保安司令	出席
趙 舒	江蘇省淮陰區保安司令	出席
臧啟芳	江蘇省鹽城區保安司令	出席
王德溥	江蘇省銅山區保安司令	出席
魯忠修	浙江省保安第三分處長	出席
陳式正	浙江省保安第四分處長	出席
蕭冀勉	浙江省保安第二分處副處長	出席
錢 謨	浙江省保安第四分處副處長	出席
張啟堂	河南省第一區保安副司令	出席
楊克岐	河南省第二區保安副司令	出席
蘇漢武	河南省第三區保安副司令	出席
張喬齡	河南省第四區保安副司令	出席
章 偉	河南省第五區保安副司令	出席
梅達夫	河南省第六區保安副司令	出席
劉克雄	河南省第七區保安副司令	出席
溫其亮	河南省第八區保安副司令	出席
周 進	河南省第十區保安副司令	出席
林 牧	河南省第十一區保安副司令	出席
陳雨蒼	湖北省第一區保安副司令	出席
趙聲言	湖北省第二區保安副司令	出席
姚德安	湖北省第三區保安副司令	出席
王嘯風	湖北省第四區保安副司令	出席
陳岐山	湖北省第六區保安副司令	出席
陳兆麟	湖北省第八區保安副司令	出席
廖安邦	湖北省第十一區保安副司令	出席
羅樹甲	湖南省第一區區司令	出席
晏國濤	湖南省第六區區司令	出席
秦振夫	安徽省第三區保安司令	出席
南岳峻	安徽省第七區保安司令	出席
汪 泫	安徽省第一區保安副司令	出席
胡配庚	安徽省第二區保安副司令	出席
曾 拔	安徽省第四區保安副司令	出席
黃在中	安徽省第五區保安副司令	出席
梅 鼐	安徽省第六區保安副司令	出席

姓名	職別	附註
彭修武	安徽省第八區保安副司令	出席
劉　鈞	安徽省第九區保安副司令	出席
劉士榮	安徽省第十區保安副司令	出席
陳惟儉	江西省第一區保安副司令	出席
胡　巍	江西省第三區保安副司令	出席
鍾石磬	江西省第五區保安副司令	出席
張慕韓	江西省第六區保安副司令	出席
高楚珩	江西省第八區保安副司令	出席
歐陽總	江西省第九區保安副司令	出席
劉聲揚	江西省第十區保安副司令	出席
陳　方	委員長行營秘書	列席
羅君強	委員長行營秘書	列席
鄧文儀	委員長行營秘書	列席
蕭乃華	委員長侍從速記	列席
晏道剛	委員長行營第一廳第一處處長	列席
周　址	委員長行營訓練處代處長	列席
賀衷寒	委員長行營政訓處處長	列席
康　澤	別動總隊部總隊長兼特別訓練班主任	列席
蔣伏生	前豫鄂皖三省保安團隊幹部訓練班主任	列席
蔡勁軍	委員長行營總務處處長	列席
文　羣	委員長行營第二廳第二組組長	列席
陳恩普	軍法處處長	列席
王伯秋	委員長行營第二廳第一組副組長	列席
李為綸	委員長行營第二廳第二組副組長	列席
劉倚仁	委員長行營第一廳第一處第一課課長	列席
程懋型	委員長行營第二廳第一組第一課課長	列席
魏席儒	委員長行營參議	列席
李磊夫	委員長行營參議	列席
黃煜林	委員長行營第二廳第一組課員兼大會紀錄	列席
周中一	委員長行營第二廳第一組課員兼大會紀錄	列席

　　保甲之法，團隊之制，在吾國有數百年之歷史，屢
著昭昭之效，第清季以來，人亡政息，團隊不能為地方
干城，轉形成擾民之工具，最大之弊，厥為一縣一區，
各自為政，甚至一村一姓，據為私有，勒索無度，紀
律無存，脅持官廳，榨壓民眾，致團隊之事，為鄉里自
好者不願與聞，良可慨矣。中正久悉各地情況，深惜良

法廢弛，蒿目時艱，久思整頓，念此赤匪猖獗之時，尤有澈底改革之必要，經於三省總部，頒行民團整理條例，凡屬民眾自衛之組織，悉予歸納，實行整理，詳立體制，改正名稱，檢定槍枝，劃一編制，嚴定管率之系統，確籌經費之源流；對於官丁素質，甄別尤嚴，示以改革逕途，限期尤迫；更不惜多籌款資，增設官職，層層督促，期底於成。蓋積極方面，欲使全國團隊平時皆能執行憲警職務，以保地方治安。戰時即為國家之徵兵，足成禦侮之勁旅。而消極方面，在鄉村去一害群之馬，則剿匪少一驅爵之鸇；故於國事艱難之中，特以整理團隊，為先施之鵠。自頒行法則，已屆兩年，各省官紳均努力從事，種種積弊，漸次剷除，且循序推進，逐漸統一於縣，而行政督察區之措施，亦能得整個之運用。初步工作，既已完成；應再向最高原則，努力挺進，所有一切法規，亦宜因時另為制定，去年施行之始，曾集保安人員會議，示以方法，今已奉行週年，自宜再行召集，考其成績。爰於南昌行營，召集第二次保安會議，以為剿匪省區，固當儘力辦理，而毗連剿匪及安全省區，亦均應依此程序。努力共進，以遏滅亂萌，增進國力，經電召豫、鄂、湘、贛、皖、蘇、浙、閩八省保安人員，一併到贛出席，凡開大會三次，處理三十餘案，蓋本年六月也。

楊秘書長之工作總評及意見陳述

二十三年六月二日於南昌行營召集第二次保安會議第三次會議席上講述

　　昨天一天，各位工作報告進行很順利，兩天的工作，一天就完畢了。現在依照會議的程序，對於各位的報告，簡單的作一個總結論，再請委員長來訓話，訓話之後即散會，預定今天下午要開的會，就不必舉行了。

　　去年舉行第一次保安會議，各省的保安處長多有來到過會的，現在過了一年多，又在此地舉行第二次的會議，範圍比去年大，召集參加的人員，比去年多。昨天聽了各位口頭的報告，已經很詳細，另外還加上書面的報告，更為明確詳盡。各位去年到今年這一年間，努力的成績，極可欽佩！保安事業的內容，保安事業的進度，都很清楚的擺在我們的面前了。關於求改革求進步的方面，各位都已有了很多有價值的建議，有些是各省共同的要求，也有些是一省或兩省特殊的需要，差不多一天工夫，把八省的保安事業，作了一度的總檢查，可以供委員長很重要的參考，並可以藉此決定今後推進保安事業的方針。這一次各位在南昌集會，大家交換意見，互相觀摩，敢相信明年開第三次保安會議時，必定更有長足的進步。行營與各省和各省相互之間，都能夠因為這次會議而得到很多的益處。現在依照各位報告的性質，分門別類，作成結論，並根據這些結論，來決定今後我們應該努力的途徑。

第一，名稱問題

此次奉召南昌集會者共十省，其中甘肅、陝西兩省，還沒有確立保安機關的制度，這一次到會的共只八省。但是八省之中，保安機關的名稱，就很不一致，譬如省裡主管保安的機關，有叫做全省保安處，也有叫做全省保安司令部的，分處長副分處長，區保安司令，區保安副司令，彼此多不相同。至於縣的一級，有設總團部的，有設總隊部的，也有設大隊部的，不但保安機關的名稱，上下各級不一律，就是部隊的名稱，也不一律，有叫做保衛團的，也有叫做保安隊的，保衛團的名稱，是根據內政部所頒佈的保衛團法而來的；保安隊的名稱，是根據三省總部所頒布的整理民團條例而來的。這兩種名稱，同時存在，實在很不相宜。此次開會以後，殊有統一之必要，因為同一性質的機關和部隊，而有種種不同的名稱，容易使人家看了眼花，今後為顧名思義，循名核實計，必先正其名，即使一時間不能完全劃一，至少要求大體上一律。保衛團這個名稱，已無繼續存在的必要，保衛團乃是民團的總稱，照現在的情形看來，他可以包括「壯丁隊」、「剿共義勇隊」，以致於「保安隊」。無論是有槍枝的或者是徒手的，都可以名為「保衛團」。現在各省的保安隊，全是有槍枝的並且是有嚴整的編制和系統，實與正式軍隊差不多，所以不可再用這種籠統的名稱。兄弟最近到前方視察，江西有槍的團隊，也還是叫做保衛團，可是已往的保衛團，在地方上有種種不良的印象，已失人民之信仰，現在編制雖改，而名稱不改，很不容易轉移觀聽。軍隊和保衛

團靠在一起，就不免有點傳統的輕視他的意思，即保衛團自身，也往往自慚形穢，以為我的能力和勇敢，趕不上軍隊，不敢比量齊觀，那是先天的注定了。其實在前方的保衛團，與正式的軍隊，並無多大的分別，大家都有武器，大家都是拿著七八元的月餉，如果叫他做保安隊，就是隊兵，如果叫他做保衛團，就是團丁，這種「丁」與「兵」之分，雖然只有一字之差，其關係確是很大。因為名不能正，就影響於每一個份子的自信力、責任心，這次各位建議中，多數主張劃一名稱編制，實所見略同，待委員長核定後，當即先行改正。

第二，編制問題

查各省團隊現行編制，大概分為兩種：

（一）由省保安機關直轄的，大概都叫做保安團；

（二）非由省保安機關直轄而由縣管轄的，其中有叫做縣保安隊，或叫做縣保衛團，彼此殊不一律。

而省轄縣轄，兩制並存，則最為普遍。惟湖南一省，所有保安團隊，皆直轄於全省保安司令部，實已達到團隊統一之極高階段。據昨天李代司令的報告，湖南省對於這一點，曾費了很大的努力，排除了很多的困難，才能達到這個階段。可以說關於保安團隊的整理，在各省中當以湖南為最進步了。我們預定整理團隊的過程，分為四個步驟：第一步，已往之保衛團是屬於區，屬於鄉，屬於鎮的，甚至還有屬於一村一姓的，完全是一種零碎分割的狀態，都把持在土豪劣紳的掌握中，地方官吏無法過問，自從前年整理民團條例頒布以後，這

種四分五裂，彼疆此界的紛亂情形，才漸漸打破，漸漸改善，一切編制、訓練、調遣、人事、經理纔漸漸的能統一於縣。今年與去年比較，這個第一步的工作，可說是普遍的做到了。第二步，就是要統一於行政督察區，全區各縣的團隊，要由區保安司令或保安分處長統一起來，一切經理、人事、教育、編制、調遣都要完全集中於督察區，照現在各省情形而論，有些被匪縣份，極需要團隊防剿，可是地方凋敝，無力負擔團隊經費，有些縣份，向未被匪，或被匪較輕，雖有給養團隊之力量，而無編練團隊之需要，各分畛域，全失掉酌盈劑虛的作用不能以此之有餘補彼之不足，形格勢禁，匪患就永不能救平。故各縣團隊統一於區，基於事實之要求，尤有絕對的必要，待辦到統一於區之後；第三步，就是再進而統一於省。一切皆由省集中管理，而由區分防使用，各省情形不一律，步驟或有慢有快，可是到了明年此時，即使不能一律達到第三步省的統一，而最低限度，第二步區的統一，必須一律完成，這是要我們一致努力的。除了以上三個步驟之外，百尺竿頭，更要再進到第四步的工作，保安事業才算達到理想的要求。這就是：一切保安團隊，要由國管理，由地方使用，每省劃定若干個團管區，抽調區內壯丁，最少每年每區要訓練一個保安團，練成之後，即交給該管區給養，替代他原有的保安團，即派在該管區服務。等到第二年第二期之保安團練成後，則第一期發交本區服務之保安團，乃退作預備役，如此更番訓練，更番退役輪流下去，就可以確立徵兵制的基礎。現在各省差不多都是由第一步到第二步

的進程中，希望明年都能做到第三步。湖南的團隊，已
經統一於省，可以說第三步的工作全做到了，凡是做到
第三步的省份，必須切實再向第四步進行。如果不向第
四步猛進，而以團隊統一於省為滿足，就根本失掉了訓
練保安團隊的意義，其結果就變成省防軍，現在中國軍
隊已多得很，何必再練省防軍呢？如果因為本省兵力，
不足維持地方治安，索性擴編一師兩師或十團八團罷
了，又何必另立保安團隊的名目呢？我們編練保安團
隊，就要認明保安團隊的意義，重在更番訓練，更番退
役，與現行募兵制之陸軍根本不同。要由小規模的「抽
丁制」，過渡到大規模的「徵兵制」，以為改造陸軍之
基礎，既帶了這種使命，可見各位保安長官所負的責
任，就非常重大了。所以無論那一省，已完成第一步，
就要向第二步猛進，已完成第二步，就要向第三步猛
進，已完成第三步，更要向第四步猛進，努力不懈，非
完全達到第四步不止。保安事業的根本意義，才能充分
發揮出來。上面所說的幾個步驟，委員長籌慮已熟，最
近行營方面，必能詳細規定，早日頒布實行，切盼各省
當局同步共趨，計日程功。

第三，訓練問題

　　從各位昨天的報告中，關於團隊幹部訓練的情形，
豫、鄂、皖三省有幹部訓練班：湖南是併於西路軍的教
導總隊中，或抽送中央軍校特別班訓練班；江蘇、浙
江、福建、江西四省，有設幹部訓練所的，也有設教導
大隊的；又西路軍的教導總隊內，設有軍士隊，訓練班

長；湖北各行政督察區，及浙江的各保安分處都設有班長訓練所或訓練班。由此看來，各省團隊幹部的訓練機關都已設立，有些是兩三省合辦的，有些是各省各辦的，可是訓練保安團隊之最終目的，是在實現第四步的工作——由國家管理，由地方使用，以為實行徵兵之基礎。所以不僅校官尉官的養成和訓練要絕對的統一，就是士兵的訓練也應有統一的辦法纔好，這個問題太大，內容也太複雜，應待委員長詳細考慮後再行規定。總之團隊官兵的教育，凡是科目的內容，程度的深淺，精神的提示，均不可稍有參差，如果各自為政，各成風氣，那就不能夠達到第四步的階段，和我們創設保安團隊的目的就有點不符了。在各位建議中，關於編制的有二十七件，關於訓練的有八件，大體都可採用。各位回去以後，如果還有更好的意見，在兩星期內可用書面寄來，當於制定整個方案時儘量採用。現在以保安團隊為基幹，更番訓練壯丁，有兩省的辦法很好，浙江的訓練隊，每年訓練壯丁六萬，分作兩期，每期三個月，在農事空閒的時候舉行；湖北張主席最近有個計劃，預備把保安團三分之一退伍，實行更番訓練，每年也可以訓練壯丁二萬六千多人，這兩省的計劃，都是很切實的。

　　委員長昨天指示我們，訓練團隊，並不是只要他能夠喊一、二、三、放槍，開步走，就算完事。因為中國最大的危機，就是大多數人不識字，無常識，不能克盡作中國國民的責任，也不知道做人的道理，如果我們要學外國，慢慢地來做普及教育的工作，實在來不及了。因為義務教育，小學教育，只能培養造就二十年以後的

國民，二十年內國家的主人翁，即是今日的壯丁，今日大多數的壯丁，日常生活規則和國民常識，尚且一概不知，如此國民，與二十世紀的國家同時並立，何能與之周旋！豈不真是笑話？現在一時要把全國國民都軍事紀律化起來，當然是很難；但是先從壯丁入手，把各省的壯丁，更番編入保安團隊，先從訓練保安團隊入手，那是最切實最有效的步驟，不到數年間，各省的壯丁，都受了必要的軍事教育，同時也受了相當的國民教育，不但徵兵制可望實行，也就是國民的補習教育最速成最簡便的方法了。我們的口號，是「寓將於校」、「寓兵於團」、「寓教於軍」，換言之，我們團隊的練兵，就是辦學，這一點要大家切實認清纔好。

委員長昨天指示我們訓練團隊的方法：

（1）要教他做人的道理，即是要實行新生活綱要和新生活須知，

（2）要教他做中國人的道理，即是要人人都有國家觀念和民族精神，不要做漢奸，要做義士烈士，

（3）要教他有警察憲兵的常識。

關於第三點，意義很重大，兄弟要特別引申一下，請各位特別注意。現代的國家，軍隊是用於國防的，維持地方治安的責任，是完全由憲兵警察來擔任的，如果要靠軍隊來維持地方治安，就是叫他來代替警察憲兵的工作，如此情形，軍隊的軍風紀，一定是很難維持的；但是在中國的現狀之下，人力財力都很缺乏，如果各地方都要辦好大規模的警察憲兵，來維持地方的安寧秩序，這是做不到的。往後我們要靠保甲來做農村警察，

要靠保安隊來做農村憲兵；保甲與保安隊都是土著，地
方情形熟習，利害關係密切，只要加以相當的訓練，比
較招募而來的警察與憲兵，一定更有效力，更能盡責，
換一方面說，各省現在以軍隊及保安隊剿匪，以保甲清
匪，不久剿匪工作既可完成，難道土匪消滅以後，保安
隊即可解散，保甲即可取消嗎？所以以後訓練團隊，應
特別注意憲兵警察的常識，其意義即在剿匪以後，務必
使團隊能夠切實擔負憲兵與警察的任務，這纔是保安隊
的本職。在平時為地方憲警，在戰時為國家徵兵，根本
意義在此，這一點也要各位切實認清的。

第四、經費問題

各省團隊的經費，根據各位的報告：安徽每月約需
三十餘萬元，福建每月約需三十六餘萬元，湖北每月約
需四十萬元，江西每月約需四十五萬元，湖南每月約需
四十六萬餘元，江蘇每月約需四十八萬元，浙江每月
約需五十一萬元，綜合各省所報的數目，各省每月團隊
經費，最多的已到五十萬元以上，最少的亦在三十萬以
上。可見各省對於保安團隊，都支付了一筆很大的經
費，如果沒有相當的成效，發生相當的作用，那真是對
不起民眾，但是經費是一切事業的基礎，要求事情辦得
通，工作做的好，整理經費，自然是第一要著。就兄弟
個人所知道的，湖北的范處長前年對我說：湖北全省各
縣，自由抽捐，自由辦團，每年消耗於團隊的經費，大
略估計，總有一千五百餘萬元之多，實較省庫額定的收
入，大逾一倍，如果精密調查，連同經徵人員的中飽併

計，也許還不止此數。湖北如此，他省的情形，恐怕也
與范處長所說的差不多，已往各省保衛團的黑暗，實在
鬧得太不成事體了。自從前年三省總部頒布了整理縣地
方財政章程之後，每縣必須設一個財務委員會，一切財
政，由縣統收統支，上面所說的毛病，才慢慢糾正過
來，財源才漸漸確定，雖不敢說已一律辦好，然收支的
方法，都正在逐步改善。據最近湖北省的報告：全年可
靠的團隊經費收入，經全省團費整理委員會的整理，極
力刪減，共計可得四百六十餘萬元，比較從前，民眾方
面，可以減輕三分之二以上的擔負了。故關於保安經費
的整理，也要經過三個步驟：第一步統一於縣；第二步
統一於行政督察區；第三步統一於省。單是把經費統一
於縣，還是沒有辦法的，因為全省的各縣比較起來，土
地的肥瘠不同，物產的豐嗇不同，人民的貧富不同，稅
收的多寡不同，匪情的輕重也不同。如果以縣為單位，
大抵最貧苦的縣份，都是邊僻之地，匪情必最重，需要
團隊最為殷切，而籌措經費特別困難，目前至少要由行
政督察區來統籌兼顧，團隊的配備和運用，才能夠洽
當，官兵的勞逸，才能夠平均。關於此點，各位的建議
共有十二件，都可供參考。行營最近一定要制定切合實
際的方案，通令各省遵辦，各省縱然因為有特殊的情
形，不能馬上絕對一致，這個大體的方針！最先統一
於縣，進而統一於區，再進而統一於省，那是絕對不
能錯的。

第五、剿匪工作的情形

聽了各位的報告；江蘇現在僅有江北的漣水、沭陽兩縣稍有匪患；浙江內地安靖，不過是沿海和江西、福建兩省的邊境尚時有海盜和共匪的侵擾：河南過去本是匪股最多的省份，現在大股的匪已漸漸肅清了；安徽也迭次撲滅了大股幫匪，現在只有靠近三省邊區的立煌、霍山、至德等縣，尚有匪擾；湖南的團隊，他的力量不僅能夠維護省內的治安，而且有一部份能夠隨同西路軍開到省外來剿匪，現在僅有湘粵邊境，有一點股匪竄擾，也正在切實追剿；湖北內地很安靜，祇鄂東、鄂南、鄂北各邊區縣份，仍常有零匪竄擾；江西的團隊，最近一年以內，參加剿匪，共計二百餘次，尤其是金谿左坊之役，最有成績，這一年來各省團隊剿匪的力量，比較從前確實是強得多了。但是獨立作戰的能力，或者還差一點，這也是公認的事實，就此次到會的八省而論；各省團隊的官兵和槍枝，每省都在二、三萬以上；各省的壯丁隊，每省也都報了二百萬左右，如果照上面所講的辦法，把這二、三萬的團隊做基礎，使他們所受的訓練，推廣普及於二百萬的壯丁，連合運用，打成一片，這種成績必定很有可觀。縮小範圍來講；使這八省之內一千六、七百萬的壯丁，都能夠明白做人的道理，都受過國民的補習教育，都能有警察憲兵之常識，就可以做社會的中堅，做一切地方建設的樞紐，還愁中國不富不強嗎？最短期間，中國全國國民縱不能全體軍事紀律化，可是這一千六、七百萬的壯丁，既受過嚴格的訓練，也就可以做良民的模範，良兵的基礎，這希望各位

特別努力的。

　　以上是關於各位工作報告的總結論，並且把以後改進保安事業的大方針，說了一個大概。此外關於各位個別的建議：如福建所提的整理收編民軍案；河南所提的縮編保安隊案；浙江、安徽所提的補充彈藥更換槍枝案；安徽所提的請准團隊服裝與國軍一致案；湖南所提的出省剿匪的團隊應依照國軍例給予撫卹案；這些都是比較容易解決的問題，容俟主管機關核議以後，即可分別批答。希望由第二次會議到第三次會議這一年中間，各位特別努力，完全達到委員長對於各位的希望！

丙、檢閱團之組織

　　中正督剿章江，業已三載，認為軍事政治，必須附麗而行，凡經赤匪竊據之處，一切制度，蕩然無存，政治設施，尤不容緩，惟地方被匪破壞愈久者，則建設愈難，是以對於克復縣份，即以收回寸土之日，為施行諸政之端，克一村則組織一村人民，收一區則進行一區政治。特以人力財力，多感困難，故對於文武官紳，皆擇要示以途逕，先其所急，量其所能，不責備求全，不勉強欲速。然於急需事項，則令出惟行，如果因循敷衍，則法無所貸，此近兩年督促贛省政治進行之大略也。猶恐奉行者才智不同，督察者耳目有限，倘辦理不符名實，則法令皆等具文，基於上述理由，特於本年四月，設立剿匪區內各縣清鄉善後事務檢閱團，並制定檢閱章程，分赴江西各縣及與他省毗連之處，依照規定事項，

實施嚴密檢查，總以實事求是，為第一原則，務使行政人員，經一番檢查，增一分自勵之心，檢閱人員，經一度工作，收一分改進之效。而尤為重要者，則在使地方無不達之情，政府無難行之令，上下既無隔閡，政教自易推行，現正分縣檢閱，陸續呈報，並分別指正在案。

剿匪區內各縣清鄉善後事務檢閱章程

二十三年三月十五日頒發

第一條　軍事委員會委員長南昌行營，（以下簡稱行營）為檢閱剿匪區內，各縣辦理清鄉善後事務實際狀況，以覘成效而使督促起見，特訂定本章程。

第二條　檢閱各縣清鄉善後事務，由行營酌量情形，或次第施行，或分區同時施行，每次每區派高級職員一人，為檢閱主任，該管省政府及所屬各廳處，各派主管重要職員一人，為檢閱委員，遇必要時，並由該省賑務會，及農村合作委員會派員參加，共同組織檢閱團，但赴各縣時，其所屬行政督察專員，亦應就近參加。

第三條　檢閱團檢閱縣份，臨時以命令定之。

第四條　檢閱團應檢閱之事項如左：

　　1. 守備區內各管區民眾訓練委員會之組織、工作。

　　2. 各縣清鄉善後委員會之組織、工作。

　　3. 各縣保衛團隊之編制及其素質、紀律、

經費、防務布置、剿匪成績。

4. 各縣保甲之組織人選、經費、規約，及戶口之清查、抽查、異動登記、五家連結。

5. 各縣剿共義勇隊或壯丁隊之組織（隊數、人數、武器數、隊長能力）、訓練（精神、心理、動作、能力）、防匪布置、剿匪成績。

6. 各縣碉寨之位置、構造（材料、樣式、容量、所需經費，及其來源）、守護情形（碉外警戒、碉內兵力、糧彈儲積）。

7. 各縣公路（路線、路面）、電話網、遞步哨之設備，及其附近民眾之組織，與碉堡橋梁之守情形。

8. 各縣封鎖情形。

9. 各縣軍政聯合剿匪之概況，及匪擾地區之伸縮範圍。

10. 各縣災情辦理急賑，及臨時收容所所發賑款數目、施賑方法、受賑人數、遣置情形、有無蠲免田賦。

11. 各後方災民收容所，所在縣份之施賑方法，領用賑款數目，收容災民人數，及審查與訓育工作情形。

12. 辦理農村救濟縣份之利用合作預備社組織情形、貸款方法及數目。

13. 缺乏耕牛農具穀種地方之補充方法。

14. 各縣合作社之組織及貸款方法。

15. 各縣地方財政之整理（預算、決算、財務委員會之組織工作），苛捐雜稅，及一切弊端之革除。

16. 各縣農村土地之處理（各級農村興復委員會之組織、解決土地，及業佃問題，與農村借貸糾紛之方法）。

17. 各縣建倉積穀，及調節糧食之辦法。

18. 各縣辦理民眾教育，增設民眾學校，及識字運動之情形。

19. 各縣各級行政人員及士紳。辦理清鄉善後事務之成績。

20. 其他特飭檢閱之事項。

以上各項，得按各縣情形，分別緩急，先後分期檢閱，於檢閱團出發前，以命令規定之。

第五條　檢閱團，對於檢閱事務，得用抽查方法，但以明瞭全般情形為限，每縣檢閱期間為一星期，遇必要時得酌量延長之。

第六條　檢閱團對於各縣清鄉善後事務，認為辦理不善時，得依照法令指導督促，限期改善，呈報重行檢閱。

前項指導之方法，得召集各關係機關之負責人員，舉行會議行之。

第七條　檢閱團，應將檢閱情形，加具考語，分別列表呈報核辦，表示另定之。

第八條　檢閱團經過路線，如有匪患顧慮時，得通

　　　　知縣政府或駐軍護送。

　第九條　檢閱得調用准尉錄事若干名，必要時並得
　　　　臨時僱用。

　第十條　檢閱團各員出差旅費，按規定支給，不得
　　　　在外受任何招待。

第十一條　本章程自公佈之日施行。

第四　關於民政事項

甲、各管區民眾訓練委員會之設立

　　剿匪軍事，至廿二年秋間，各路均有進展，關於鄰接匪區及新收復地域之安甯秩序，自應設法鞏固，以免散匪潛伏分竄，擾我後防；惟是大軍既已進剿，則後方勢不能多派兵力守備；且匪方行動詭密，關於偵查搜捕等事，亦有非軍事力量所能完全擔任者，計惟有分區組織民眾，嚴密訓練，使其力能自衛，對於碉堡公路，均能守護，則鄰接匪區與新收復地方之安寧秩序，可以確保，前方部隊，得以一心進剿，勝利更有把握。爰由本行營第二廳與第一廳，往復籌商，將接近匪區地帶，劃為五守備區，制定剿匪地區守備條例，剿匪區域守備部隊圖表，每守備區，設指揮官一員，就各該區內剿匪軍高級長官遴派兼充，守備區以下，設二十個管區，遴派各管區內之師長或旅長，兼任管區司令官，各守備區指揮官，各管區司令官，對於所轄區內黨政軍事務，均有監督指揮之權，並以各該地區治安之鞏固，與設施，以組織民眾，加以訓練，使能守護各該區內之碉堡公路為最重要，復制定剿匪區內民眾訓練委員會組織規程，剿匪區內碉堡公路守護規程，於各管區內設民眾訓練委員會，專負民眾組織訓練，碉堡公路守護之責，並制定民眾訓練委員會工作大綱，限於三個月內完成，以上各項辦法，均於廿二年十二月公佈施行。嗣因各地區情形不同，各區守備部隊，亦時有更動，工作進行，遲速各異。復經通電規定：

（一）已依限工作完成之民訓會，應將所辦事務，分別
　　　交由管區縣府接管，依限結束，其限期已滿，據
　　　報告或檢閱工作尚未完成者，應停發經費，仍責
　　　令完成工作；如有特殊情形，不能如期完成者，
　　　得呈經本行營核准展限。

（二）民眾訓練委員會結束後，關於守護隊之指揮調
　　　度，由地方政府行之；但必要時，得由駐軍直接
　　　指揮，並另訂守備區內管區司令官交代守則，公
　　　佈施行。

　　現各管區所設之民眾訓練委員會，均已依限結束，
所組織之守護隊，亦均已移交接管，各管區之碉堡公路
守護，較為周密，一年以來，匪勢日蹙，各管區民訓工
作，亦不無相當之助力。茲將上開各種條例圖表規程大
綱守則等，彙列於後，藉備查考。

剿匪地區守備條例

二十二年十二月二十七日頒發

第一條　國民政府軍事委員會委員長南昌行營，為
　　　　鞏固鄰匪，及收復各區域之安寧秩序，並督
　　　　促勵行各該區內，一切治安設備之實施起
　　　　見，特劃分為若干路守備區。

第二條　各路守備區，為實行守備之便利起見，得
　　　　就該區內，劃分為若干管區（如附表）。

第三條　各路守備區，各設守備區指揮官一員，由委
　　　　員長就各該守備區內，剿匪軍高級長官，遴
　　　　派兼充之，直隸南昌行營，秉承各該路總司

令，在所轄各管區內行使其職權。

各管區各設管區司令官一員，由委員長就各該管區內，駐軍高級官長，遴派兼充之，在所轄管區內，稟承各該守備區指揮官，行使其職權。

第四條　守備區指揮官，對於所轄各管區內，黨政軍事務，均有監督指揮之權。

管區司令官，對於管區內，黨政軍事務，得稟承守備區指揮官，或商同該區行政督察專員，分別監督指導之。但關於黨政事務，仍應商承剿匪區內，各該路總司令部，所設置之黨政事務處，或總指揮部，及縱隊司令部，附設之黨政事務分處，協同處理。

第五條　守備區指揮官，及管區司令官，直接指揮本區內駐軍，及民眾團隊，並對於鄰區友軍，因軍事上關係，越駐本區內之部隊，亦歸其節制指揮。

第六條　守備區指揮官，及管區司令官之職當如左：

一、　關於轄區內清剿，及善後之督促實施事項。

二、　關於轄區內碉堡公路之建築修繕守護事項。

三、　關於轄區內民眾及團隊之組織訓練事項。

四、　關於轄區內戶口之覆查抽查事項。

五、　關於轄區內巡查檢查事項。

六、 關於轄區內散兵游勇難民等之取締遣
送事項。

七、 關於各部隊傷兵之後送事項。

八、 關於轄區內消防事項。

九、 關於往來舟車行旅之監護檢查事項。

十、 關於飛機場、兵站、倉庫、公路車
站、通信設備，以及水陸關隘碼頭等
之防護事項。

十一、 關於危害公安，及擾亂秩序之裁制
事項。

十二、 關於集會、結社、郵電、通信，及新
聞、圖畫、標語、戲劇，暨一切印刷
品之檢查取締事項。

十三、 關於堪供軍用之民有品物，臨時禁止
輸出事項。

十四、 關於保護收穫事項。

十五、 關於轄區內家宅，及一切建築物，於
必要時施行檢查事項。

十六、 關於轄區內，辦理土地處理，及農民
借貸之指導督促事項。

除上列各款之規定外，關於其他一切防剿
之整個事宜，守備區指揮官，及管區司令
官，仍應按照原有部隊區分，秉承該管長
官辦理。

第七條　守備區指揮官，對於守備區內各管區司令
官，及其他文武官員，均用令，管區司令

官，對於管區內行政督察專員用公函，以
下用令。

第八條　守備區指揮部，及管區司令部，不另定編
制，其一切任務，由該兼指揮官，及兼司令
官，原有部隊職員兼任，但每月由行營補助
必要之辦公費，其數額另定之。

第九條　本條例頒佈後，前頒之永豐、南城、撫州、
新淦各警備司令部，組織條規，贛浙閩皖邊
區警備司令部，組織條規，及治字第一六八
號密令所頒，劃定各師旅守備管區辦法，一
律廢止之。

第十條　本條例自頒布之日施行，如有未盡事宜，
得隨時修正之。

剿匪區內民眾訓練委員會組織規程

　　　　　　　　　二十二年十二月二十七日頒發

第一條　軍事委員會委員長南昌行營，為加緊剿匪區
內，各縣民眾組織與訓練，及鞏固地方之防
務起見，按照各管區，每區各設一民眾訓練
委員會，于管區司令部內，受管區司令官之
監督指揮，辦理民眾組織訓練，及碉堡公路
之守護事宜。

第二條　民眾訓練委員會，以師政訓處長，別働隊
分隊長，各縣縣長，及管區司令官，指派
之軍事人員為會員，以師政訓處處長為會
長，如無師政訓處長時，即以別働隊分隊

長代理委員會會長。

第三條　民眾訓練委員會，按管區內防務上或交通
　　　　上之情形，得劃為若干分區，由會長呈請
　　　　管區司令官，指派當地黨政軍工作人員若
　　　　干人，每一分區，編為一組，並指定政訓
　　　　處或別働隊一人為組長，負該分區實施訓
　　　　練工作之責。

第四條　民眾訓練委員會，訓練民眾，應查照本行營
　　　　所頒之剿匪區內組織民眾，及民團訓練實施
　　　　之要領，整理保甲，肅清零匪方案，實施教
　　　　育方案，暨豫鄂皖三省剿匪總部，所頒剿匪
　　　　區內各省民團整理條例，各規定之要旨，並
　　　　參照當地情形，斟酌辦理，每屆月終，應將
　　　　訓練實施情形，彙報本行營備查，其碉堡公
　　　　路守護規程另訂之。

　　　　關於土地處理，及農民借貸事項，亦應查照
　　　　豫鄂皖三省剿匪總部，所頒剿匪區內各省農
　　　　村處理條例，農村金融緊急救濟條例，暨本
　　　　行營所頒農村利用合作預備社簡章，隨時加
　　　　以指導督促。

第五條　民眾訓練委員會內，得設少校秘書一人，上
　　　　尉辦事員，少尉或准尉錄事各若干人，由會
　　　　長秉承管區司令官，先儘當地黨政軍人員調
　　　　用，如確無可調用，得另行選派。

第六條　民眾訓練委員會，工作人員，除前條所載
　　　　選派各員，照國難餉章支給外，其餘調用人

員，均不兼薪，但在下鄉實施工作期間，每人每日得酌支伙食費五角。

第七條　民眾訓練委員會，月支薪餉、伙食、辦公等經費，由管區司令官照左列規定，按月造具預算，向本行營請領轉發，核實支銷。

一、二縣以內之管區，月支至多不得過一千元。

二、四縣以內之管區，月支至多不得過一千五百元。

三、六縣以內之管區，月支至多不得過二千元。

第八條　民眾訓委員會，辦事細則，由各民眾訓練委員會，自行擬訂，呈報本行營查核備案。

第九條　本規程自公佈之日施行。

剿匪地區碉堡公路守護規程

二十二年十二月二十七日頒發

第一條　軍事委員會長南昌行營，為使剿匪地區，民眾發揮自衛力量，以守護碉堡公路，俾能鞏固後方安寧，協助軍事進展起見，特依據剿匪區內，民眾訓練委員會組織規程，第四條制定本規程。

第二條　各地民眾守護碉堡公路，由管區司令部，附設之民眾訓練委員會，秉承該管區司令官，負訓練指揮之全責，但因事實之便利，得令分區各組，分負責任，其區域之劃分，依管

區之所定。

管區以外之碉堡公路守護事宜，另由該管
行政督察專員或縣長，主持辦理，並得由
別働總隊補助之。

第三條　民眾訓練委員會，或分區各組應就管區所
轄各縣，視碉堡及公路橋樑公布之密度，在
其劃共義勇隊各區隊，或各聯隊內，抽選精
壯隊丁六人至十人為一班，共編成若干班，
為一守護隊，對於所在區內，或聯保內之碉
堡及公路橋梁，每日分晝夜班，專司守護，
其地區內之電桿電線，亦應分段抽派巡護。

前項守護隊，每隊設隊長一人，由民眾訓
練委員會會長，或分區各組組長，遴選當
地士紳中之粗具軍事知識者充任之，每班
設班長一人，由隊長就壯丁中指派之，各
守護隊之番號，冠以地名。

民眾訓練委員會，或分區各組，應視各地
防務或交通上之必要，合編若干守護隊，
為一守護聯隊，每聯隊就別働隊人員中，
派一人為聯隊長，以資統率。

第四條　管區司令，應按碉堡及公路橋梁之重要性，
先就管區內各部隊，及各地方保衛團，分配
守護，餘則責成守護隊，輪址守護，逐漸推
進，以達到守護隊，完全接續負責為度限，
於本規程頒布後一個月內，將管區內碉堡及
公路橋樑公布狀況，並擬訂最近期間，守

　　　　　護配備計劃，繪具圖說，呈報行營備案。

第五條　除前條守護配備外，管區司令官，應就管
　　　　區內各部隊，及保衛團，隨時分派各地游
　　　　擊，並督同民眾訓練委員會，依照剿匪區內
　　　　各省民團整理條例，第二十九條，將剿共義
　　　　勇隊編成，其他各隊，分司放哨、通信、偵
　　　　探等任務，以資聯絡。

第六條　守護碉堡公路之守護隊長隊丁，視碉堡或
　　　　公路橋樑之大小，每座按月給予津貼伙食燈
　　　　油等費，分為二十五元，二十元，及十五元
　　　　三種，由管區司令官，彙造表冊，每屆月
　　　　終，向行營請領轉發。

第七條　守護隊所需之武器，除由民眾訓練委員
　　　　會，或分區各向管區內各組地方儘量徵集民
　　　　間自衛槍枝、土槍、土砲，以及梭標、戈、
　　　　矛，應用外，不足由管區司令官，就所轄部
　　　　隊內軍械，或繳獲匪械，設法勻撥，如仍不
　　　　足，呈候行營核撥。

第八條　守護隊長丁，在執行職務時，得免除其他
　　　　公役。

第九條　守護得力各級員丁，准援照剿匪區內文武
　　　　官佐士兵剿匪懲獎條例之規定敘獎，如有傷
　　　　亡，並得分別依照行營或所屬省政府，撫卹
　　　　規程辦理。

第十條　守護各級員丁，服務不力，或聞匪逃避，
　　　　毫無抵抗，以致碉堡、公路、橋樑、電

　　　　　　　桿，被破壞時，應比照剿匪區內文武官佐
　　　　　　　士兵獎懲條例，嚴予懲處，並連坐之。

第十一條　碉堡公路守護情形，除由各路守備區指揮
　　　　　　　官，隨時派員視察外，行營或省政府，亦
　　　　　　　不時遴員抽查，以資考核。

第十二條　本規程自頒佈之日施行，如有未盡事宜，
　　　　　　　得隨時修正之。

剿匪區內民眾訓練委員會工作大綱

二十三年一月十六日令頒

一、各管區司令官，奉到本行營令頒民眾訓練委員會組
　　織規程後，即召集第二條所列各組，組織成立該管
　　區民眾訓練委員會，並呈報及通告成立日期及組織
　　情形。

二、調派或選委會內辦事人員並呈報備案。

三、擬定委員會辦事細則呈核。

四、召集委員會議，詢明管區各地情形，決定工作進
　　行，及分配辦法。

五、按照管區內防務上，或交通上之情形，劃分為若干
　　分區，選派各分區工作人員及組長，呈報備案。

六、集合各分區工作人員，施以必要之訓練，並訂定訓
　　練科目。

七、造具委員會月支薪餉、伙食、辦公費，預算書呈核。

八、印製各地應張貼之標語，並規定民眾應喊之口號。

九、各分區工作人員，分送出發前往工作之地點。

十、各分區工作人員，到達目的地後，由組長召集地方

有關係之人員，開一聯席會議，詢明各地之情形，決定工作進行，及分配辦法，

十一、各組長應考查地方清鄉善後委員會之組織，是否建全？清鄉、自衛、保甲，等區之劃分，是否適當？並予以適當之糾正。

十二、各組長應派定分區各地工作人員，並集合施以必要之訓練。

十三、各組長應決定著手組織訓練之中心地點，或交通幹線，並預定擴張聯合之步驟及限期。

十四、分區各地工作人員，到達目的地後，應召集當地區保甲長，或年長者談話，訓明地方情形，並飭造具門戶冊，選定剿共義勇隊各級隊長，或碉堡公路守護隊隊長班長，及其他各隊長；其原有組織者，及考查其是否合格而改善之，其無區保甲長者，應設法組織之。

十五、各隊長選定後，應由分區工作人員集合，施以必要之訓練，詳授工作之要領。

十六、規定各隊，應製備之梭標、刀、矛、土槍、土砲，及旗幟符號。

十七、規定各隊緊張集合之地點。

十八、規定各隊應用之警號，或信號，並呈報通報。

十九、張貼我方宣傳之標語，並洗刷匪方之標語。

二十、召集民眾開剿匪宣傳大會，講演土匪之罪惡，宣揚政府之德意，並曉以民眾必謀自衛之要義。

廿一、解脫國家現在地位，和國際之環境。

廿二、挑選壯丁，練習國術武藝。

廿三、點驗各隊之數人。

廿四、按地方情形，派遣便衣偵探，分途偵探，並教以
　　　偵探方法。

廿五、按各鄉村地形，及交通道路，布置崗哨，並教以
　　　守哨盤查之方法。

廿六、派遣巡查隊，日夜梭巡，並教以巡查之方法。

廿七、規定剷共義勇隊，或壯丁隊，及守護隊，操演之
　　　時間及次數。

廿八、教授剷共義勇隊，或壯丁隊，及守護隊，集合解
　　　散，及聯合剿匪禦匪之方法。

廿九、選擇或查勘構築碉堡圩寨之地點，並集合民眾，
　　　說明其利害，與守備之方法。

三十、指導併合小村於大村，並將民間之糧、米、衣、
　　　物、牛、馬，屯儲於附近圩寨內。

卅一、與軍隊及團隊協商，決定軍隊保衛團義勇隊應負
　　　責守護之碉堡、公路，及電線桿地區，並繪具
　　　圖表計劃呈報。

卅二、規定民眾補習教育之時間及地點。

卅三、講演禮、義、廉、恥，及忠、孝、仁、愛、信
　　　義、和、平，等道德，與歷史上之故事。

卅四、講演農藝、築路、建堡、公民、社會、自然、衛
　　　生常識等。

卅五、講演婦女纏足之害，及放足之利。

卅六、講演民眾必須遵守之各項法令。

卅七、派定守護隊聯隊隊長。

卅八、規定與鄰區或鄰隊聯絡。

卅九、厲行封鎖匪區之辦法。

四十、設法招納匪區民眾投誠，並安撫振濟各地之
　　　難民。

四一、指導民眾，搜查各地匪區遺留或埋藏之武器與
　　　糧食。

四二、指導督促關於土地處理及農民借貸事項。

四三、考核以上各項工作進行實況。

四四、由管區司令官，分途派員考查各分區之組織情
　　　形，訓練程度，防務配備情形。

四五、由管區司令官，分期集合各地義勇隊會操，或武
　　　藝比賽，並呈報其成績給予獎賞。

附記

一、本大綱係為民眾訓練委員會，及各分組工作便利起
　　見，特舉列上項四十五條，以為實施之標準，其應
　　辦事項，未及列入者，仍照各項條章，及當地情形
　　辦理。

二、本大綱規定事項，限於三個月內完成。

守備區內管區司令官交代守則

一、如管區司令官交代時，應將本管區重要事項，分別
　　列表繪圖送交代替人員，並報行營備查。

二、交卸者對交替者，應辦事項：

　　1. 本區所管地域及原駐部隊兵力配備情形。

　　2. 本匪區情及前次剿辦方法。

　　3. 鄰匪區情及所駐友軍與本區連絡情形。

　　4. 本區通訊網偵探網之設備情形。

    5. 各碉堡群與連絡碉堡搆成本區碉堡網之概略。

    6. 關於本區封鎖及警戒應特別注意之點。

    7. 民眾組織及民情如何？

    8. 區保甲長之賢否？

    9. 原定計劃。已辦未辦及辦理尚未完竣者，分別述明。

    10. 移交一切法規與檔案。

    11. 其他特別情形。

三、交卸者對代替者應繪具之圖表。

    1. 本區最近匪我位置圖。

    2. 本區碉堡地置及交通通訊圖。

    3. 本區各碉堡所在地及名稱種類暨儲在糧彈器具數量表。

    4. 交卸人員應將任內奉命辦理事項，分別已辦未辦未完三項，加以說明造冊移交後任以使繼續辦理。

乙、籌劃預防水旱

    年來水旱迭見，災區之廣，動延數省。撲厥原因：實緣各省當局素乏捍禦之方，以致遇旱則莫資灌溉，遇潦則無法宣洩，坐視災象之成，惟以張皇呼號為務，良用慨然！經於本年八月五日以微秘牯電飭蘇、浙、贛、豫、鄂、皖各省府，就其能力所能舉辦者，切實計劃明年防水防旱辦法。其有應行舉辦而為該省人力財力所不能負擔，及需時較長者，亦應另擬三年或五年計劃。此外裨益防災之公共農場及合作事業，並應乘時提倡。仍

恐各省府流於查報不實，或以籠統之詞陳報塞責起見，
並規定查報水旱項目，續以「篠行治敏」電飭各省府轉
飭主管官廳派員或飭縣實地逐行查勘具報，一面又以
「冬秘牯」電指示各省防水防旱不費若何財力，輕而易
舉者四事，如：

　　（一）保護森林，獎勵植樹；

　　（二）利用閘壩，善為蓄洩；

　　（三）獎勵多闢池塘；

　　（四）勸導鄉鎮多購小號抽水機等。

　　現據各省府陸續呈報，皆以境內幹支河流，歷未疏
浚，多形淤塞；隄防亦積年失修，以致旱潦俱災，此為
受病之原。故對於水利建設，特別注重。雖其情形各有
不同，而需款均在鉅數，措注不易。擬彙齊轉請全國
經濟委員詳予核定，擇其切要，分期程功。所需經費，
或由中央酌予部分補助，或指示辦法令其自籌，期有實
濟，免托空言。至其他調節糧食，多備耐旱作物，救濟
農村金融，舉辦工振等，均有詳亦細計畫，其中切合實
際輕而易舉者，自應責以次第施行；其有計畫涉於空
疏，或不易實行，需款過鉅者，亦經分別指示，令飭切
實詳擬，務期於事有功，款不虛糜。惟蘇省方面關於開
闢廢黃河，導淮入海，開闢江北鹽墾區新運河，辦理工
賑，浚治河湖，及整理其他水道工程等，多係本其歷年
之研究經驗，計畫較為詳明，並已呈奉中央核准發行地
方公債二千萬元，業由該省政府委員會會議通過，按其
應辦水利工程，分二十三、二十四兩年逐予支配，年各
九百萬元。此則經費有著，事功可期，極堪欣慰者也。

微秘牯電

查救災之道，端賴平時早為防範，臨時熟籌補苴，故古者三年耕必有一年之食；而本委員長年來一再嚴令各省籌辦積穀，並督促各省推行農村合作等事，其意要即在此。誠以邇歲以還，水旱迭見，災區之廣，動延數省。揆厥原由，實緣各省當局素乏捍禦之方，以致遇旱則莫資灌溉，遇潦則無從宣洩，坐視災象之成，惟以張皇呼號為務，自審職責，甯無疚心！即如本年入夏以來，沿江各省，雨量稀少，田疇亢旱，雖為實情，然而若果悉心研究，因地制宜，則川澤縱橫之區，不難抽水以濟其急，傍山高亢之地，亦宜更籌旱種以善其後。同時對於農村糧食調節，金融救濟，及有關防災諸事，並加努力，固未必即已窮於施術。迺各省當局不聞殫心竭力於此，而惟以廣泛籠統之詞，陳災報荒，或竟虛張登報，冀動聽聞，預為請款及籌賑之地步。而語其實際，則其地災情是否確如所報、所受損害究有若干，是否已屆束手無策，不可挽救，即各該報災長官，恐亦未必深明底細。似此情形，適見早乏綢繆，徒為社會齒冷。興言及此，良用慨然！茲為思患預防，懲前毖後起見，所有該省明年防旱防水計劃，著該省政府就其力所能舉辦者，切實設計，詳擬具體辦法及經費預算。其有應行舉辦，而為該省人力財力所不能負擔，及需較長之時間始克■事者，亦應另擬三年或五年計劃，酌定預算，統限於本年十月一日以前呈報本行營，以憑查核。此外有裨防災之公共農場及合作等事業，並應乘時提倡，酌予獎勵。而去歲本行營重加印行頒發之「康濟錄」，其中所

舉歷代防救災荒治本治標之辦法，足供今日之參考借鏡者尤夥，並可詳加研究，參酌採用。務期防災設備，政府振導於上，民眾自動努力於下，則收效更宏，自無臨渴掘井之患，嗣後各省陳報災歉，亦必待切實查明確情，歉收概數，據實詳陳，不得虛張謊報，亦不得動發文電，布諸報章，致貽不切實際之誚。除分電並另令外，統仰遵照為要！

篠行治敏電

本年入夏以來，天時亢旱，農作損傷，糧價增長，各省縣報災之文電，紛至沓來。瞻念前途，隱憂何極！除對於明年預防旱潦之計劃，業經分別電令限期妥擬呈核，以謀積極之救濟外，所有各省縣現在被災之實際狀況，及防災備荒之有效設施，亟宜明確調查，以憑統為設計，指示辦理。合再電仰各該省政府轉飭主管官廳，派員或飭縣實地查勘，迅將該省災區面積之大小，被災程度之輕重，災區人口之數目，災區有無倉儲，及儲藏（米）穀數量之多少，災區或附近有無其他雜糧可以代替民食，災區食糧與人口比例約可支持若干時日，統應逐一查明，彙成總報告表，呈備查核。至表內應列各項，仰仍遵照「微秘牯」電，務經實地之調查，作詳確之記載，不得聽憑籠統含糊，虛張謊報，為要！

冬秘牯電

各省亢旱成災，禾稼歉收，影響民食，雖曰天時所致，然果人事預防有道，補助得宜，則亦未嘗不可減輕

災情，縮小範圍。茲將其輕而易行，有裨防救者數事，
舉示於次：

（一）曰各地已有森林，務宜力予保護。每歲秋冬之
　　　季，鄉民無知，時有燒山情事，尤應飭令各縣政
　　　府嚴加禁止，藉免摧殘，而期滋茂，各地之荒山
　　　曠岸，並宜隨時獎勵植樹，俾成豐林。蓋林木既
　　　眾，氣候調和，雨暘時若，水旱之災，均可減
　　　少。此實根本之計，未容忽視。

（二）曰南中各省，原皆溪港紛歧，江湖映帶，平日果
　　　能善為蓄洩，極饒水利。查各地農村，對於山溪
　　　水道，常有陂閘之設，法雖稍舊，而有裨灌溉，
　　　殊非淺鮮。允宜督責農民隨時修理，不可任其廢
　　　壞。其在漲落較易之河流，雖洋灰鍼筋之大閘費
　　　鉅工艱，籌辦匪易，然由地方政府指導民眾參酌
　　　科學方法建築土壩，以時啟閉，則所費固省，而
　　　其利彌溥。

（三）曰各地農村之內，應力加獎勸，多闢池塘，逐年
　　　深浚。平時既可養魚種菱，補助生產，旱時又可
　　　挹水注田，尤形便利。

（四）曰應由各地方政府勸導鄉鎮農村購置小號新式抽
　　　水機。設以款額稍多，一時縣難釀集，則或由合
　　　作社，或由各地保甲區公所聯保辦事處負責，設
　　　法向銀行或殷實商號貸款，分期歸還，不唯易
　　　於吸取江水，且使農民灌溉節省人力財力，獲
　　　益彌鉅。

　　凡上四者，均非甚難之事，祇須各地方官吏實心推

行，農民切身利害所關，尤必樂於從命，初不必有若何財力之費，而治水防旱已收過半之功，弭患未然，莫善於此。務望轉飭主管各廳及所屬各縣一體恪遵，擬具辦法，切實辦理，並具報為要！

丙、整理各省積穀

積穀為備荒要政，自昔重視，相沿勿替。乃自民國以來，國家多故，各地倉儲，大都破壞殆盡，整理規復，亟不容緩，爰於二十一年各省豐收穀賤之時，專函豫、鄂、皖、贛、湘、蘇、浙等省，積極籌辦，由武昌三省總部分別督催。並於二十二年十月在南昌舉行十省市糧食會議時，對於倉儲各案，決定辦理原則四項，經鈔同決議，代電行政院，轉令內政部迅飭各省認真遵辦。為求普徧實施，以宏救荒起見，於本年六月，復由本行營電令豫、鄂、皖、贛、湘、蘇、浙、閩、甘、陝十省，將舉辦積穀詳情，連同章則等件報核，並飭依各縣人口多寡為比例，至少須籌足三個月糧食之積儲，如本造不致歉收，應即於本年秋收以後，籌集歸倉。對於各級辦理倉儲人員，督飭嚴予考成。各省地方原有倉穀倉款之被挪借者，務須切實清理，分別追還，所存倉款，一律購穀貯倉並令修建倉廒，慎重保管。縱核各省辦理情形，除福建、甘肅、陝西三省之倉儲，幾於破壞殆盡，正在著手從事整理外；河南、湖北、安徽三省，以天災匪禍之餘，辦理積穀，殊感困難，籌畫督促，煞費苦心，故各該省所辦積儲均尚在廿萬石以下惟其辦理積穀各項單行章則，業經陸續訂立，呈核頒

行，樹倉政規模略已具備；江蘇已辦有積穀二十八萬餘石，存有穀款約三十萬元；江西雖匪患連年，現亦辦有積穀六十餘萬石；浙江所定全省各縣應辦積穀總額，共計二千一百餘萬石，擬分三期完成，現已辦有積穀一百二十六萬餘石；湖南在民十七以前，儲政廢壞，於二十一年奉到函令後，認真辦理，是年積穀數量，即增至二百三十九萬餘石，現有積穀二百五十一萬餘石，成績尚屬可觀。若各省本此政策，繼續不懈，注意豐年積穀，以為凶年之備，使各地倉儲，逐臻完成，庶幾荒歉之年，無饑饉之憂。

丁、調節各省糧食

吾國以農立國，糧食一項，實民生所關，國本攸繫。邇年以來，因外受各國過剩產品之傾銷，內受天災匪禍之影響，生產衰落，農村殘破，凶歲固啼饑號寒，餓殍遍野，豐年亦穀賤傷農，金融阻滯，馴至民生憔悴，社會騷然，憂患日深，國以不安。中正自駐贛剿匪以來，深知欲達到根本肅清之目的，必非單純之軍事所可奏效，故對於關係國計民生之糧食問題，尤為注意！茲將一年以來辦理情形，分述列左：

（一）關於江西糧食之管理

去歲七月間，由本行營設立江西糧食管理局，派員收購糧多價賤區域之米穀，以提高農產價格，救濟農村金融；即以所收購之米穀，運至新近收復，暨缺乏米穀各縣區，辦理平糶，接濟民食：計自成立日起，至本年八月止，共購濟米穀二十三萬餘石。現在該局雖因變

更組織，辦理結束，而是項收購接濟事宜，仍飭由豫、鄂、皖、贛四省農民銀行江西分行，附設糧食儲運部，繼續負責辦理。

（二）召集十省市糧食會議

上年十月間，分電豫、鄂、皖、贛、湘、粵、浙、蘇、冀、滬等省市政府，派遣代表來贛舉行糧食會議，計議決：請徵洋米洋麥洋粉進口稅，圖謀糧食運輸便利，限制田賦附加，撤廢米穀苛捐雜稅，禁止遏糴阻運，革除糧食商行陋規請設糧食統制委員會並劃撥美國棉麥借款一部份辦理倉庫各案，均已電請中央各院部會，分別採納，暨督飭到會各省市政府，切實執行矣。

（三）關於各省糧食之調節

去歲沿江各省，穀賤傷農，而閩、粵、冀、滬各省市，洋米依然侵銷，除電請徵收洋米進口稅，暨減低輪船鐵路糧食運價，以便積極抵制外。為圖謀各省市產銷便利起見，復經令飭顧馨一等，在滬籌設中國糧食運銷局，其資本定為二百萬元，由政府撥借一百萬元，由湘、鄂、皖、贛、粵、閩、浙、冀、滬各省市糧食業團體籌集一百萬元。嗣以遷延數月，各地商股尚未繳齊，且本年入夏以來，沿江各省，大旱為災，糧價飛漲，情形迥殊，救濟宜亟乃改由政府設立糧食運銷局，歸財政部主辦，現准行政院函復，業經籌備就緒，開始收購米穀，至各省因災請求禁止米穀出口，則仍一秉此豐彼歉有無相濟之旨，分別令飭不得遏糴阻運，以免各自為政，造成人為之荒象。

戊、講習會之設立

本年二月間北路軍開始圍剿，向匪區作預定的前進。接觸以後，進展殊速。但收復縣區匪化既久，情形特殊，為求贛閩兩省被匪人民了解中央德意，並樂於歸來起見，對於各該縣區政治施設及人選，自應有充分之研究與準備。行營認為茲事體大，因決定設立一收復縣區地方善後講習會，以為研討理論，預儲人材之總機構。

四月初制定講習會簡章十條，規定贛之寧都、石城、瑞金、雩都、會昌、興國，及閩之建甯、甯化、長汀、清流、連城等十一縣為收復縣區，分會員為三類：

一，每一縣區由該省政府保薦二人，呈請行營選定為第一類會員，預備選充縣長之用。

二，第一類會員各推九人，由行營考定後為第二類會員，預備選充縣政府佐治人員及區長之用。

三，各收復區旅外賢良士紳志願回籍辦理地方善後工作者為第三類會員，預備選充各縣清鄉善後委員會幹事之用。

五月間行營劃分福建行政督察區並發表該省行政督察專員十二人。該員等適均在贛聽訓，因將講習會範圍擴大，令該專員等連同所保薦之專員公署秘書暨保安副司令一併入會講習。同時令知贛省府，凡附近匪區之銅鼓等二十六縣，均得抽派一、二高級佐治人員，加入該會聽講，以宏功效。

六月初令派本行營第二廳第一組組長王又庸兼該會主任，假定江西省黨部為會址，積極籌備，乃於六月九

日舉行開講儀式。總計參加講習者有江西第一、二類會員一百二十人，附近匪區佐治人員九人，福建第一、二、三類會員八十七人，福建行政督察專員暨秘書保安副司令二十七人，總共各類會員二百三十四人。

該會課程約分五大類：

一，精神講話，

二，講演法令，

三，自由討論，

四，問題研究，

五，軍事訓練。

其中以講演法令一門最為重要，舉凡行營為剿匪區內特施政治之各項新頒法令，均提出作具體的說明與精神之研討。主講者或為該項法規起草人，或係行營主管長官，用是各項講演，極見精采。

該會講習期間為四星期，自六月八日起至七月七日止。時方盛暑，各員一律粗布軍服，晨間聽講筆錄，午後荷槍操練，莫不揮汗如雨，辛苦倍常。但因始終不懈，乃得依限完成，於七月八日舉行休講儀式焉。

講習期滿之各類會員，由行營委任收復縣區工作者以第一、二類為最多。彼等現正本其所學，埋頭匪區，作勤苦之工作矣。

南昌行營附設收復縣區地方善後講習會簡章

第一條　本行營為儲備贛閩兩省收復縣區辦理地方善後人員起見，特設收復縣區地方善後講習會。

第二條　前條所稱之收復縣區在贛省暫定為甯都、
　　　　石城、瑞金、雩都、會昌、興國等六縣；
　　　　在閩省暫定為建寧、寧化、長汀、清流、
　　　　連城等五縣。

第三條　本會會員分為左列三類：

　　　一、具有軍事政治知識並富有剿匪經驗者
　　　　　為第一類，預備充縣長之用。

　　　二、對於縣政曾有研究並具相當經驗者為
　　　　　第二類，預備選充縣政府佐治人員及
　　　　　區長之用。

　　　三、第二條所列各縣之旅外賢良士民具有
　　　　　行政經驗志願於收復後回籍辦理地方
　　　　　善後工作者為三類，預備選充各縣清
　　　　　鄉善後委員幹事之用。

第四條　本會會員名額暫定為三百七十四名，其支
　　　　配及選定辦法規定如左：

　　　　第一類二十二名，不分籍貫，由贛省府保薦
　　　　十二名，閩省府保薦十名，呈請行營選定。
　　　　並依本簡章第二條規定之縣份每縣指定二人
　　　　為該縣候選縣長。

　　　　第二類一百九十八名，不分籍貫，先由選定
　　　　之第一類會員各推薦九人，由行營考詢核
　　　　定之。

　　　　第三類一百五十四名：依本簡章第二條規定
　　　　之縣份每縣十四名，由贛、閩兩省府探訪招
　　　　致呈請行營考詢核定之。

第五條　本會講習之科目如左：

甲、委員長各項訓話。

乙、剿匪區臨時施政綱要所依據及有關之各項法令。

丙、匪區實際問題。

丁、軍事訓練。

以上四種之講習時間與方式另表規定之。（如附表一）

第六條　本會會員講習期間暫定為四星期，必要時得延長之。

會員在講習期間由行營各發單軍裝全套，並酌給津貼二十元。

第七條　本會設主任一人，綜理本會一切事務，並於每次講習時出席指導。設幹事四人，襄理本會事務，講習時並輪流出席紀錄，均由本行營就職員中指派，不另支薪，必要時得增派之。

第八條　本會講習人員及軍事教練人員由行營暨各黨政軍機關主管人員分別擔任之，不另給津貼。

第九條　本會開支經費由行營照規定預算撥給備用，其數目另表規定之。（如附表二）

第十條　本簡章自行營核准之日起施行，如有未盡事宜得隨時修改之。

收復縣區地方善後講習會課程一覽表（附表一）

方式	時間	科目或手續
（1）精神講話	20小時	委員長各項訓詞
（2）講演法令	76小時	剿匪區臨時施政綱要所依據及有關之各項法令
（3）自由討論	16小時	由本會主任臨時指定會員一人提出關於清鄉善後問題由各會員互相討論
（4）問題研究	講習後	分一般研究與各縣特殊研究兩種 一般研究於每星期一四講習完畢時由本會主任揭示題目俾各會員於退後各個研究限三日內用書面呈閱 各縣特殊研究由第一類會員分縣提出問題承主任之指導召集各該縣第二類第三類會員共同研究限期提出報告
（5）軍事訓練	56小時	授以軍事常識單簡操法及射擊法

說明
（1）依簡章第四條之規定講習期間為四星期現定每日上午八時至十二時下午三時至五時集合講習則總時間為一百七十六小時本表時間分配適相符合
（2）本表第（1）（2）兩項之講題及講演人另表規定之
（3）本表第三項每提出一問題應以兩小時討論完畢併主任作結論之時間在內
（4）本表第（1）（2）（3）項以每日上午行之第（5）項以每日下午行之
（5）凡會員中原具有軍事知識者在施行本表第（5）項時得由軍事教練人員臨時指定為軍事助教

講習會課程預定表

講習科目	課程要點	講演者	講習時數
精神講話		委員長 熊主任 楊秘書長 賀廳長 王主任	20小時
講演法令	剿匪區臨時施政綱要所依據及有關之各項法令（細目如下）		76小時
清鄉善後法令	修正剿匪區內各縣臨時清鄉善後委員會組織大綱 剿匪區內整理保甲肅清零匪方案	魏參議席儒 李參議磊夫	6小時
編查保甲	剿匪區內整理保甲肅清零匪方案	呂廳長咸	4小時

講習科目	課程要點	講演者	講習時數
整理團隊條例	剿匪區內民眾組織及民團訓練實施之要領	廖處長士翹	4 小時
封鎖法規	封鎖法規彙編	胡課長幹 樂課長策斌	6 小時
碉堡建築	剿匪部隊協助民眾構碉堡塞圖說	晏處長勳甫	4 小時
公路交通	七省公路會議規定路線範圍及路道建築辦法	胡處長嘉韶	4 小時
整理縣財政章程	剿匪區內整理縣地方財政章程	周秘書綱仁	4 小時
土地處理條例	剿匪區內各省農村土地處理條例	文組長羣	6 小時
農村金融救濟	農村金融緊急救濟條例	文組長羣	3 小時
農村合作條例	農村合作社條例	文組長羣	8 小時
特種教育		程廳長煊	4 小時
招撫投誠及獎懲條例	剿匪區內招撫投誠赤匪暫行辦法 剿匪區內處置俘虜赤匪暫行辦法 各路軍臨時戰地投誠俘虜收容所暫行條例 本行營臨時感化院條例 剿匪區內文武官佐士兵剿匪懲獎條例 懲治土豪劣紳條例 剿匪區內各地方接待軍隊限制辦法	陳處長恩普	4 小時
地方黨政事務法規	剿匪區內各路軍處理地方黨政事務法規彙編	王組長又庸	2 小時
特務工作		康總隊長澤	5 小時
民眾訓練		賀處長衷寒	4 小時
特區政制		文組長羣 李先生小青	8 小時
自由討論			16 小時
軍事訓練		孔參議等	56 小時
問題研究			每星期一四講習後

第五　關於財政事項

甲、各省財政收支概算之審核

　　各省地方財政，關係政局民生，實具有重大之連鎖性。比年以來，國家多故，水旱交侵，匪共潛茲，閭閻窮困；各省被災之程度，雖微有不同，而其財力之竭蹶，則初無二致。當此民窮財盡之秋，而圖復本培元之計，一方面固須謀建設事業之發展，以促社會之繁榮，而另一方面，尤應力求取給數量之減低，以輕人民之負擔。此則非於各省財政收支方面，力加整頓，不易為功。爰於二十三度開始以前通飭剿匪有關各省將地方收支概算，編送審查，以為著手整理之根據。

　　查豫、鄂、皖、贛、蘇、浙、湘、閩、陝、甘等省地方，或久經匪共之擾害，或頻遭水旱之災荒，類多阡陌不存，室廬漂沒，農商交困，市面蕭條。救濟撫綏，刻不容緩。所有各該省財政，每以其支出之浩繁，力求其收入之增益，因此，田賦附加有超過正稅數倍至數十倍者，甚至有虛收實支及騰挪套搭以圖彌補者，循此不變，收支之狀況，必日見紊亂，人民之負累，必層出不窮，又將何以促農村之繁榮，與社會之安定？中正以為各省災荒之救濟，固屬必需，而矯正財政之弊害，則尤為重要；除嚴令各省遵照中央頒行法令，厲行減免田賦附加及廢除一切苛捐雜稅，並一面請求中央斟酌各省被災之程度，分別定以救濟之辦法外，對於各省財政。則凡政費膨大，虛收實支，各種款項之混雜，建設事業經費之虛列，以及償還債務費之不確定，預備費用之空

虛等紊亂現狀，均予逐款鈎稽，分別糾正，務以促成收支之適合。良以支出經費，如能由膨脹而緊縮，建設事業，復能及時而繁興，則財政既日趨鞏固，農村亦獲沾實惠，此實為改革政治安定政局之總樞紐也。

此次各省編送之二十三年度收支概算，除陝、甘、湘三省，或與墊付軍費及中央撥款有關，尚待中央審核外，其業經審核改正者，計有：豫、鄂、皖、贛、閩、浙、蘇等省，並已將審核內容，分配中央主計處及財政部參考，一面令飭錄案逕呈，以備中央之復核。茲將各該省概算審核結果，分省列具如下。

（一）河南省
第一　普通概算歲入部分
一、契稅

列收二、四七〇、九五六元，較上年度增列二十九萬餘元，現值農村經濟衰頹地價低落之際，契稅收入，未必能如此旺盛，應核減十八萬元，以免蹈虛收之病。惟此項本為教育專款，如果確有長收，仍應併充教育栽款，不得挪作別用。

二、鹽稅附加收入

列收八〇〇、〇〇〇元，較上年度增列三十萬元，本年鹽斤雖改用新衡，其所增之數，實嫌太鉅，應核減二十萬元，俾與上年度列收之數，不致過於懸殊。

第二　普通概算歲出部分

一、省政府補助費

列支六〇、〇〇〇元，此為上年度概算所無，省府經費，已列有經常款目，自不能再以補助名義，含混列支。應將此項款目取消。

二、教育專款

列二、五五八、四六八元，較上年度增列三十八萬六千餘元，所增太多。應比照契稅歲入減列之數，核減十八萬元。

三、駐豫特派綏靖主任公署助費

列支三六〇、〇〇〇元，據稱係奉軍委會令准由省庫補助之款，上年度係在預備費項下開支。概算案內，既向未開列，自應仍將此項款目取消，以免蹈軍政兩費款目混雜之病。

總計該省歲入共減三十八萬元，歲出共減六十萬元，其歲入方面經核減後剩餘之數，應即併入預備費內開列，則歲入歲出適均為一千三百六十三萬二千〇〇二元。

河南省收支概算核定款目（元）

歲入之部	
甲、省地方普通經常歲入門	
一、田賦	6,430,293
二、契稅	2,370,956
三、營業稅	1,656,000
四、房捐	73,002
五、地方財產收入	201,102
六、地方事業收入	3,937
七、地方行政收入	3,324

八、其他收入	84,660
乙、省地方普通臨時歲入門	
一、其他收入	1,895,737
丙、省地方營業經常歲入門	
一、路政收入	523,723
二、電政收入	157,320
三、工業收入	120,000
四、商業收入	111,950
以上甲乙丙三項歲入總計為	13,632,002
歲出之部	
丁、省地方普通經常歲出門	
一、黨務費	133,007
二、行政費	2,421,072
三、司法費	934,042
四、公安費	1,689,632
五、財務費	571,948
六、教育文化費	2,555,216
七、實業費	146,256
八、衛生費	34,736
九、建設費	1,370,636
十、地方營業資本支出	100,000
十一、協助費	402,000
十二、債務費	700,000
十三、撫卹費	59,659
十四、預備費	729,186
戊、省地方普通臨時歲出門	
一、司法費	26,618
二、公安費	70,000
三、財務費	60,000
四、協助費	715,000
己、省地方營業經常歲出門	
一、路政支出	513,828
二、軍政支出	155,304
三、工業支出	112,896
四、商業支出	103,401
五、預備費	27,564
以上丁戊己三項歲出總計亦為	13,632,002

（二）湖北省

第一　普通概算經常歲出部分

一、 公安費

　　列支三、四一七、七四六元，較上年度增列三五五、八七九元，應將擴充水警經費本年增加一三二、一八〇元，刪減一二、一八〇元。保安處指揮部及各團連經費本年加增加一一八、四一〇元、刪減一八、四一〇元。

二、 教育文化費

　　列支二、六四七、一〇九元，較上年度增列一〇六、〇五五元、係將原在擴充教育經費十二萬元內，重復編入各該目節，應將教育廳編審委員會經費四、八〇〇元、公共體育場經費三、八四〇元剔除，計共核減八、六四〇元。關於各該項應需費用仍應由臨時門擴充教育經費十二萬元內，統籌支配。

三、 司法費

　　列支一、四八八、〇八二元，較上年度增列一二九、八三三元、應將各法院監獄增加經費內劃出二萬元，另列目節，作為擴充司法事業費之用。

四、 預備費

　　列支一八二、四六六元，較上年度減列三六、九五三元，此款原為補救全部概算案內各項必要政費不敷之用，列數不宜過少，應將經臨門內裁減之款，一併列入。

第二　普通概算臨時歲出部分

一、教育文化費

列支二六八、七六一元，較上年度增列一六三、二九〇元。係將原在擴充教育經費十二萬元內重複編入各該目節。應將教育成績展覽會經費一、〇〇〇元、省教育會經費六〇〇元、全省運動會經費二、〇〇〇元、球類比賽經費一、六〇〇元、教育行政會議經費一、五一六元等數剔除，計共核減六、七一六元。關於各該項應需經費，仍併入同項所列擴充教育經費項下統籌支配；並由教育廳提出分配計劃，於此十二萬元內酌留十分之二，為教育臨時必要費用，不得再行籌用預備費。

第三　營業概算經常歲入部分

一、航政收入

列收四八〇、〇〇〇元，較上年度增列五四、〇〇〇元，為適合實際收入起見，應核減二〇、〇〇〇元。

二、路政收入

列收一、〇三二、〇〇〇元，較上年度增列一一四、〇〇〇元，為適合實際收入起見，應核減三〇、〇〇〇元。

三、礦業收入

列收二四二、四〇〇元，較上年度增列二、四〇〇元，為適合實際收入起見，應將所增之數全刪。

第四　營業概算經常歲出部分

一、 航政經費

列支三四一、二九二元，較上年度增列五八、八〇〇元，茲參照歲入數目，核減二〇、〇〇〇元。

二、 路政經費

列支九四五、六〇〇元，較上年度增列一二四、四八一元，所增過鉅，應核減二〇、〇〇〇元。

三、 礦業經費

列支一八〇、〇〇〇元，較上年度增列五二、五九七元，與該營業概算同項收入，兩相比較，幾達百分之七十五，應核減一二、四〇〇元。

第五　專款概算臨時歲入部分

一、 取締營業憑照費收入

列收四一〇、〇〇〇元，較上年度減列九〇、〇〇〇元。查現值屬行禁烟，對於吸戶限制極嚴，不容稍弛，此項憑照費收入，自難足額，應再核減六五、一四〇元，全年度改列為三四四、八六〇元。

第六　專款概算歲出臨時部分

一、 武陽漢禁烟所經費

列支五五、八四八元，查該所業已奉令結束，應將全部經費刪除。

二、 水警教練所經費

列支五九、二九二元，為上年度核定概算案所無，本屆列數過多，應核減九、二九二元，改為五〇、〇〇〇元。

查該省各該概算，雖經核定，各機關收款報解辦
法，若不詳為規定，仍難統籌支付。其動用預備
費、服裝費，與建設工程費等項，與預算關係甚
切，為提高其效率起見，特訂辦法四項，令發該
省遵照。茲分別附錄於后，以備參考。

各機關收入報解辦法

一、 各機關收入主管機關，應于下月十五日前將上月
收款解交財政廳。

二、 上列款項解繳財政廳手續，分為二種：

（甲）現款運交省銀行，入財政廳庫賬。

（乙）抵解主管機關應領財政廳之經費。

三、 各機關對於所管之收入，應力加整頓，務使適合
預算所列之數。

四、 財政廳發給各機關經費時，按月查明領款機關，
有無自收之款，如在預算列有收數，上月之款，
應儘下月底扣除。

動用預備費辦法

一、 各機關在昔從預備費動用之款，均經編入經臨門
內。此後即遇臨時支款，應在本機關原有經費內
勻支，不得率請動用預備費。

二、 凡遇法令所定，而為事實上必不可緩之款，請求動
支預備費，■由省政府發交財政廳核議，再經省府
會議參酌剩餘預備費實況，及事業需要程度，再行
決議應否動支預備費。

三、 省政府一月以內所議決動支預備費各案，應於月底，彙成總案，下月初呈報總司令部核奪，以便彙核。但緊急需要事項，仍得隨時具報。

四、 省政府於月初呈送總案時，應附具財政廳上月動支預備費簡表，借用預備費餘額確數，以資分配。

五、 預備費動支各款，在總司令部未經核准以前不得動支。

六、 左列各科目，不得在預備費內動支。

（甲）調查費及視察費　應在各機關原支經費項下勻支。

（乙）薪炭費　應在各校館各局院各機關原支經費項下開支。

（丙）參觀費　應在各校節餘及原支經項下開支。

（丁）修理費　應在各機關各校館局處辦公費或節餘項下開支。

以上四科目，在預備費案內，應即廢之。

動用服裝費辦法

一、二十三年度預算案內，在預備費項下劃出二十五萬元，列為服裝費。湖北省公安保安警備及省政府衛隊軍樂隊，各機關所需服裝雨具水壺皮帶，及一切物品，皆包括在內（漢口市應支之服裝費，仍照歲出門列支數辦理，不在此二十五萬元之內）。

二、凡與該款有關係之各機關，應秉承省政府命令與財政廳組織服裝設計委員會，處理左列事項：

（甲）原有之服裝（冬夏季服裝雨具水壺皮帶等）

先應調查登記。

（乙）添辦服裝，以補充原有服裝之破壞不堪適用者為原則。

（丙）各機關添置新服裝，應根據舊案，參酌實況，以平均為原則

（丁）新製服裝，應由委員會公開投標，以最低價得標。

（戊）各機關對於原有服裝，宜妥為保持，用實撙節，如遇有不堪服用者，應隨時報告委會登記。

（己）各機關之服裝費，飭以二十五萬元為限，委員會應於年度開始時規劃本年度各季服裝雨具水壺皮帶一切用，製成設計書報，送省府備案，總以不超過此數為原則。

建設廳整理建設費之收支及漢口市政府動用工程費辦法

一、在每年度開始之前，建設廳及市政府應按照所列預算額數計劃本年度所欲舉辦之建設事業，列表呈報省政府，轉報核奪。

二、每月終了，應將本月所辦建設事業，及動用款項，詳細開單，呈由省府轉報備案。

三、在各款項動用之前，與動用之後，均應造具預算書及計算書送財政廳辦核，以昭覈實。

四、建設廳直屬各事業之收入，分為兩種，一為普通預算內之收人應於下月十五日前，解繳財政廳，一為營業會計收支相抵之餘款，應劃充財廳應撥

之建設費。

五、建設廳對於直屬各事業之收入，應力加整頓，務使
　　適合預算所列之數。

六、二十二年度終了後，建設廳應將是年度直屬各事
　　業實收實支各數，造具明細表，呈送省政府轉報
　　備核。

七、二十三年湖北省歲出概算，已於普通預算臨時門，
　　全年列支建設費七十二萬元，本年度內所有建設事
　　業項下一切必要費用，均在此七十二萬元內統籌支
　　配，不得另請動支預備費。

湖北省收支概算核定款目（元）

歲入之部	
甲、省地方普通經常歲入門	
一、田賦	1,530,000
二、契稅	1,115,000
三、營業稅	3,744,000
四、房捐	1,039,200
五、地方財產收入	967,759
六、地方事業收入	23,795
七、地方行政收入	306,767
八、補助款收入	2,460,000
九、其他收入	7,041,278
十、地方營業純益	233,508
乙、省地方普通臨時歲入門	
一、行政收入	86,436
二、其他收入	131,880
丙、省地方營業經常歲入門	
一、航政收入	460,000
二、路政收入	1,002,000
三、電政收入	30,000
四、礦業收入	240,000
以上甲乙丙三項歲入總計為	20,411,623
歲出之部	

丁、省地方普通經常歲出門	
一、常務費	204,932
二、行政費	2,411,447
三、司法費	1,468,082
四、公安費	3,405,566
五、財務費	1,112,726
六、教育文化費	2,638,469
七、實業費	45,174
八、交通費	165,944
九、衛生費	178,651
十、建設費	425,813
十一、協助費	79,552
十二、預備費	210,002
戊、省地方普通臨時歲出門	
一、黨務費	36,040
二、行政費	428,573
三、司法費	285,927
四、公安費	402,079
五、財務費	131,978
六、教育文化費	262,045
七、實業費	83,500
八、衛生費	16,809
九、建設費	1,385,064
十、撫卹費	63,950
十一、債務費	3,164,000
十二、協助費	73,300
己、省地方營業經常歲出門	
一、航政費	321,292
二、路政費	925,600
三、電政費	60,000
四、礦業費	167,600
庚、省地方營業臨時歲出門	
一、航政費	24,000
以上丁戊己庚四項歲出總計亦為	20,411,623

（三）安徽省

第一　普通概算經常歲出部分

一、省政府視察費

　　列支二萬四千元，此為省政府應辦事項，向未另列

專目，應即裁撤。遇必須派員視察時，其經費應在
省政府經費內勻支，以資撙節。

二、省政府衛士隊

列支二萬零二百三十二元，據稱上年度係由總預備
費項下動支；查此項衛士隊，如省政府應有之組
織，並不自上年度始。且在成案上，向無此目，上
年度竟將其解出，另在總預備費內動支，而省政府
經費，則並不因此削減，可見該省府不但未能屬行
裁併辦法，反將經費變相擴大。應仍將此項衛士
隊款目取消，一面將省政府經費增加，改為年列
二十九萬元，所有衛士隊經費，即在此整個經費內
通籌支配，不得再在總預備費內動支。

三、省政府單行法規編審委員會

列支二千四百七十二元，上年度並無此目，應即裁
撤。其編審事項，現已實行合署辦公，應由法制室
辦理。

四、民政廳季刊印刷費

列支三千六百元，此為新增之數，應全部刪去，所
需印刷費，現已實行合署辦公，應在公報室經費內
勻支。

五、教育文化費

總列二百六十五萬三千二百二十五元，較上年度增
加八萬一千八百八十九元，除私立東南初級中學之
一千元，毋庸增列補助費，又留學費全部照列外，
其他各目，應普減百分之三，總減七萬二千元，
由教育廳通籌支配，其不必要之機關及無關重要之

補助，應即裁撤。預算確定後，其經費務須按期照
發，不得延欠。

六、通志館

列支五萬五千四百九十二元，該館設立有年，成績
殊少表現，應即暫行停辦。其文卷稿件，交安徽
大學保管，如事實必須保留，其經費每月不得超過
二千元，全年應核減三萬一千四百九十二元。

七、華洋義賑會

列支二千一百六十元，查全國經濟委員會所轄華洋
義賑總會，在安慶設有分事務所，辦理水利合作農
貸等事務，其經費自有該總會負擔，無庸該省府有
此支出，本目應即撤。

八、省會救濟院

列支五千一百四十元，查本概算案所列，各慈善機
關，均係各個獨立，各有經費，僅於每所冠以省會
救濟院字樣，是該會僅係總攬其成之一個空洞行政
機關，並無事業可言，應即裁撤。其行政事務，應
由民政廳直接行使職權。

九、保安處無線電台

列支三千五百二十二元，此為上年度所未有，應即
刪除。為事實便利計，可將省會無線電台第一分
台，為保安處之特定電台。

第二　普通概算臨時歲出部分

一、民政廳旅費

列支一萬五千四百元，應減五千元。

二、土地整理處經費

列支一千四百元，應全刪。

三、公安費臨時費一至八目

共列支五萬三千四百零六元，應普減百分之二十，共應核減一萬零六百八十元。

四、財政廳旅費

列支一萬七千三百二十八元，應核減五千八百元。

五、實業費臨時費一至十二目

共列支一萬六千二百五十三元，應普減百分之三十，共減四千八百七十元。其第十三目之推廣農村合作事業費十二萬元，仍應照列。

六、建設廳旅費：列支一萬二千元，應核減三千六百元。

七、所請在債務費項下劃出二十萬元，改列土地陳報經費，應准照辦。

查該省財政，向甚紊亂，職員薪水及教育經費之發放，屢有愆期，此次所送概算書總說明內，列有「墊發二十二年度以前歷任舊虧六十餘萬元，以致二十二年度欠發政費，為數甚鉅」等語，足見該省概算，仍不免虛收實支及不能屬行裁併之弊，茲特分別核減，切實緊縮，藉使財力集中，效能增厚，應即遵照分款減列。

再現在皖南一帶，氣候亢旱，已成偏災，所列賦額，斷難收足，應即將歲入方面之田賦，照此減列，又婺源縣已劃歸江西省管轄，該縣所有省地方歲入歲出，並應全數剔除，務將虛收實支之弊力求減少。

安徽省收支概算核定款目（元）

歲入之部	
甲、省地方普通經常歲入門	
一、田賦	3,745,795
二、契稅	389,400
三、營業稅	1,695,800
四、房捐	357,949
五、船捐	190,000
六、地方財產收入	47,312
七、地方事業收入	83,410
八、地方行政收入	236,900
九、補助款收入	3,782,000
十、其他收入	24,664
乙、省地方普通臨時歲入門	
一、田賦	187,290
二、地方財產收入	310,000
三、地方行政收入	16,180
丙、省地方營業經常歲入門	
一、路政收入	930,000
二、電政收入	235,250
三、航業收入	18,000
四、工業收入	17,908
以上甲乙丙三項歲入總計為	11,727,858
歲出之部	
丁、省地方普通經常歲出門	
一、黨務費	112,320
二、行政費	1,952,064
三、司法費	1,042,597
四、公安費	1,481,690
五、財務費	642,382
六、教育文化費	2,610,125
七、實業費	114,165
八、交通費	92,423
九、建設費	244,223
十、建教公共事業費	43,040
十一、總預備費	244,154
戊、省地方普通臨時歲出門	
一、行政費	538,782
二、司法費	20,000
三、公安費	382,862
四、財務費	87,528
五、教育文化費	80,100

六、實業費	131,378
七、交通費	3,000
八、建設費	63,500
九、建教公共事業費	21,800
十、地方營業資本支出	262,000
十一、債務費	896,570
己、省地方營業經常歲出門	
一、路政支出	155,163
二、電政支出	169,728
三、航政支出	16,128
四、工業支出	31,730
庚、省地方營業臨時歲出門	
一、路政支出	220,435
二、電政支出	67,974
以上丁戊己庚四項歲出總計亦為	11,727,858

（四）江西省

第一　普通概算歲入部分

一、建築專款第一目債款收入

　　列收一百五十萬元，註明：純係向全國經濟委員會借墊者。查全國經委會所報二十三年撥借各路基金一覽表，僅列江西省築路基金一百零一萬八千九百七十元，自本年一月至四月底止，已發三十一萬元，在本年度開始前，當尚有陸續撥發者，則在本年七月一日以後，所餘可借築路基金，為數不過六十萬元左右，與冊列一百五十萬元之數，相差甚鉅。雖至下半年度或可續有撥借，然此為揣想之辭，借數非可預計，應就原列款項下，酌加註釋，俾臻明瞭。

第二　普通概算歲出部分

一、行政費

　　各區行政督察專員公署經費，及八十一縣縣政府經

費，均係分別全列；其兼任縣長之第一、第五、
第八等區專員公署經費與豐城、南城、鄱陽三縣政
府經費，列數重複。按照專員公署預算成案，縣政
府經費應與署費合併計算；換言之即縣政府原列經
費，應全數扣發。此項重複列支之縣政府經費，應
在總說明內添註說明，遇有節餘時，一併移充總預
備費。

二、財務費

財政委員會經費，列支三萬二千二百八十元；查在
未設財政廳之省區，每有財政委員會之設，至既
有財政廳主辦全省財政，即無另設財政委員會之必
要。且廳會並設，各省無此先例，原應予以裁撤，
嗣據省政府呈復；以該省財政，向極紊亂，自二十
年省府改組以後，為欲實現財政公開起見，在中央
尚未設立審計分處以前，特設此會，審核各機關預
計算，藉杜浮濫，尚屬不無理由，姑准照列，並飭
將名稱改為審核委員會，以符名實。

按該省各縣地方，多以保衛經費無著，隨時呈請由
田賦項下帶徵附加，或舉辦臨時捐稅，以圖挹注，
惟以該省久經匪患，人民積痛已深，苛雜不除，殊
有背剿匪救民之本旨。爰經督促省府積極廢除一切
苛雜捐稅，及核減不合法之田賦附加，並一面電請
中央每年補助三百萬元，以為抵補。至各區行政督
察專員公署，亦係最近陸續督飭設立，各署經費開
支，容有不敷支應，並由行營按照需要，特准補助
專署經費二十三萬五千四百四十元，俾資彌補。

　　所有該省普通歲入歲出經臨合計，現均為二千
一百八十九萬四千二百二十七元。營業會計歲入歲出，
均為二百八十八萬三千元。兩款收支總額，均相適合。

江西省收支概算核定款目（元）

（被匪各縣之歲入，均已按其被匪程度分別剔除。）

歲入之部	
甲、省地方普通經常歲入門	
一、田賦	6,022,416
二、契稅	244,770
三、營業稅	870,000
四、船捐	40,000
五、補助款收入	7,165,440
六、清匪善後捐收入	1,500,000
七、地方財產收入	1,510
八、地方事業收入	311,300
九、地方行政收入	118,764
十、公路建築專款	2,700,000
十一、整理土地專款收入	842,372
十二、各縣丁米屯附加團隊經費收入	1,400,000
十三、其他收入	48,000
十四、南昌市收入	374,750
乙、省地方普通臨時歲入門	
一、田賦	112,713
二、契稅	3,000
三、營業稅	3,200
四、地方行政收入	1,025
五、其他收入	25,000
六、南昌市收入	109,967
丙、省地方營業經常歲入門	
一、客運業務收入	2,647,200
二、貨運業務收入	228,600
三、雜項收入	7,200
以上甲乙丙三項歲入總計為	24,777,227
歲出之部	
丁、省地方普通經常歲出門	
一、黨務費	224,640
二、行政費	2,298,040

三、司法費	689,376
四、公安費	6,270,257
五、財務費	505,084
六、教育文化費	1,930,566
七、農業費	254,444
八、建設費	609,364
九、地方營業支出	2,796,000
十、協助費	152,629
十一、債務費	1,834,000
十二、土地整理費	842,372
十三、南昌市經費	501,651
十四、預備費	302,080
戊、省地方普通臨時歲出門	
一、行政費	200,291
二、司法費	27,160
三、公安費	923,708
四、建設費	127,000
五、協助費	1,312,500
六、撫卹費	80,000
七、南昌市經費	13,066
己、省地方營業經常歲出門	
一、總務費	200,673
二、車務費	272,358
三、運務費	987,570
四、機務費	717,420
五、養路費	470,664
六、其他工事維持費	41,994
七、償還歷年營業虧損	150,000
八、預備費	42,321
以上丁戊己三項歲出總計亦為	24,777,227

（五）福建省

查該省所編二十三年度省地方歲入歲出概算書，列歲入總額一五、〇六二、六〇〇元，列歲出總額經臨合計一六、一六三、七一五元，出入相抵不敷一、一〇一、一一五元，而建設事業費項下，收支相抵不敷之二、二七五、〇〇〇元，另案清理之債務費六、

○○○、○○○元，尚不在內。所編概算，既屬收不敷支，自不得謂為成立，凡可增可減各款，亟應重加詳核，切實修正，俾符收支適合之原則。

第一　歲入概算部分

一、中央補助費

該省設立行政督察專員並兼任保安司令暨駐在地縣長，可沿用本行營改組贛省各區專員辦法，由行營按月補助每區經費二千元，應依據此案，於本款內添列一項，列收行政督察專員十區補助費二四○、○○○元。

第二　歲出概算部分

一、黨務費

經、臨兩項共列四四○、五○○元，核與最近電飭更正之數不符。應比照豫省二十二年度核定一七四、八○七元，再加各縣黨部事務費一○八、○○○元之數列支，將經臨兩項併計數，改為二八二、八○七元，計減列一五七、六九三元。（按該省黨務費嗣據呈奉核准改二七八、○○○元此外又准加列民報社經費四萬零五百元，牽扯統計溢出三萬五千元准在預備費項下移撥。）

二、行政費

福建省政府及省政府附屬經費，共列三二九、四四六元，列數較他省為，應略照九成減列，福建省政府經費改為二九二、四一○元。省府附屬經費改為四、○八○元，計共減三二、九五六元。

三、地方籌備股

列支經費一九、二九六元，該股係整理土地處裁撤後之組織，改處為股，其經費不減而增，殊有未合，應減列六、〇〇〇元。

四、賑務會經費

列支六、〇〇〇元，應減列二、四〇〇元。

五、省地方公務員懲戒委員會

列支三、四五六元，應減列二、二五六元。

六、行政督察專員兼縣長經費

原冊未載，應按每區月支五千二百五十元計算十區共應增列六三〇、〇〇〇元。

七、各縣政府經費

應將專員兼縣長之長樂、福安、南平、仙游、同安、漳浦、龍岩、長汀、泰甯、浦城十縣經費剔除，應共減一五五、四二四元。

八、公安費

保安處及所屬各機關暨各團隊經費，共列三、四三一、九七五元，又臨時費項下，另列服裝費一六八、〇二五元，併計凡三百六十萬元，該省既設行政督察專員並兼任保安司令，原設各保安分處，應即裁撤。本項經臨兩費，應陸續縮編，至少應減一成二，共應減列四三二、〇〇〇元。

九、省會公安局及所屬各機關經費

共列八〇八、〇八五元，列數過鉅，應減列五〇、〇〇〇元，由省會公安局通籌支配。

十、思明市公安局

改為特種公安局後，此項經費，應較原列五六九、六九六元之數為低，不得增多。

十一、財務費

第一項財政廳經費列支一八一、五九五元，列數過多，應減列二〇、〇〇〇元。又本款所列各種稅局，計契稅局六十四所，各縣稅務局三十三所，各式各種營業稅局三十四所，屠宰稅局五十七所，防務經費辦事處一所，共計多至一百八十九所，並有在一個縣區內設立數個稅局者，其經徵費總額，高達一百十六萬元以上，局所太多開支太濫，應即切實整理，酌量歸併。此種徵收經費，至少應核減一成五，應共減一七四、〇〇〇元，由財政廳重行統籌支配。

十二、教育文化費

所列專員駐在縣十縣教育科經費，全年一九、〇〇〇元，應即全數刪除。

十三、其他雜費

所列服務見習人員津貼四六、二〇〇元，應全刪。其原有服務見習人員，應由原所在機關，改為正式任用。

前列各款總計：

歲入項下，增列二四〇、〇〇〇元；

歲出項下，增列六三〇、〇〇〇元；

歲出項下，減列一、〇九七、九二九元；

歲出項下，增減兩抵後，總減四六七、九二九元；

以歲入增列數與歲出總減數相加，共計七〇七、九二九元。

以七〇七、九二九元，與原列不敷數一、一〇一、一一五元相比，尚不敷三九三、一八六元，應將原列總預備費八十萬元，減列三九三、一八六元，使歲入歲出，各為一五、三〇二、六〇〇元，收支適合。（旋據呈復歲入歲出兩方均增加六二、三三四元，已予照准。）

至建設事業費歲入歲出，反債務費，應准在財力可能範圍內，另行切實整理，不可牽動現在經臨之收支項目，使財政漸臻鞏固。

福建省收支概算核定款目（元）

歲入之部	
甲、省地方普通經常歲入門	
一、田賦	2,072,345
二、契稅	604,920
三、營業稅	5,291,933
四、爐稅	8,456
五、房舖稅捐	689,916
六、雜租	8,350
七、地方財產收入	12,000
八、地方專業收入	26,334
九、地方行政收入	857,168
十、中央補助款收入	4,620,000
十一、其他收入	1,137,512
以上各項歲入總計為	15,328,934
歲出之部	
乙、省地方普通經常歲出門	
一、黨務費	318,500
二、行政費	2,005,426
三、司法費	627,705
四、公安費	4,535,981
五、財務費	1,364,493

六、教育文化費	1,722,470
七、建設費	320,823
八、慈善費	146,061
九、協助費	3,246,000
十、撫卹費	66,319
十一、其他雜費	3,740
十二、預備費	736,657
丙、省地方普通臨時歲出門	
一、行政費	148,095
二、財務費	59,200
三、教習文化費	26,334
四、慈善費	1,130
以上乙丙二項歲出總計亦為	15,328,934

　　該省所設稅局太多，財務費開支特鉅，已飭切實整理右列概算係修正後之核定數。

（六）浙江省

　　該省原概算案內，列有地方財產收入一五〇、〇〇〇元，補助款收入一、三六〇、三一二元，均係虛收之數，已予剔除。杭江鐵路局，因改組尚未就緒，其收數支數，均未列入。保安處主管之補充團及教導大隊，均係閩變時所增臨時防務，現在閩變敉平，此項團隊，均予縮編，計減歲出六十萬元。該省所辦鐵路公路電話水產等事業，其收支兩方，皆包括於地方營業一項之內，故無營業會計歲出歲入概算，核定款目如次。

浙江省收支概算核定款目（元）

歲入之部	
甲、省地方普通經常歲入門	
一、田賦	8,771,268
二、契稅	900,000

三、營業稅	5,592,000
四、船捐	294,000
五、地方財產收入	293,008
六、地方事業收入	257,267
七、地方行政收入	303,072
八、司法收入	563,400
九、地方營業收入	2,584,130
十、其他收入	1,595,184
乙、省地方普通臨時歲入門	
一、契稅	300,000
以上甲乙兩項歲入總計為	21,453,329
歲出之部	
丙、省地方普通經常歲出門	
一、黨務費	201,600
二、省政府秘書處及所屬	304,956
三、民政廳及所屬	3,289,015
四、財政廳及所屬	874,445
五、建設廳及所屬	3,191,059
六、教育廳及所屬	2,212,098
七、保安處及所屬	1,513,737
八、司法費	1,826,888
九、債務費	6,213,200
十、不屬各廳處主管經費	68,600
十一、總預備費	649,505
丁、省地方普通臨時歲出門	
一、黨務費	31,600
二、省政府秘書處及所屬	22,204
三、民政廳及所屬	408,069
四、財政廳及所屬	15,000
五、建設廳及所屬	298,543
六、教育廳及所屬	64,492
七、保安處及所屬	160,504
八、司法費	50,086
九、不屬各廳主管經費	52,728
以上丙丁二項歲出總計亦為	21,453,329

（七）江蘇省

第一　普通概算經臨歲入部分應行注意事項

一、普通營業稅列收二百二十萬圓，能否如數收足，應

即切實整理，以期漸有起色，確能照數收足。

二、中央補助款項下，所列財政部撥補蘇省鹽斤加價，計銀一百九十萬圓，據說明：因鹽斤改用新衡，故較上年度增列四十三萬六千圓。鹽斤改秤後，財政部應撥蘇省鹽斤加價之新增數，是否確有四十三萬六千圓，須以財部之核定案為依據，應即咨明財部核復定案，不使所列仍有虛收之病。

三、江蘇長期公債六百萬圓一目，據說明：擬發行長期公債三千萬圓，為整理債務及辦理特種事業之用。茲就本年度應需江北墾植工程費四百萬，及導淮入海工程費二百萬圓列收等語。查各省發行公債，依照修正監督地方財政暫行法之規定，應由省政府擬具計劃，咨由財政部審核，呈由行政院核轉立法院議決，呈請國民政府令行。在中央未經核定，或已經核定，而特種建設事業之設計尚未完全確定以前，所列此項公債，只可作為假定數，不得擅自發行，挪充政費，或遽發墾植導淮工程費及發新換舊以債抵債。

第二　普通經臨歲出部分

一、省政府特別調查費

本應在省府經費內併支，姑准保留半數，應減二四、○○○元。

二、土地局

新增數一二、○○○圓，應全減。

三、民政廳經費

新增數七、一○四圓，應全減。

四、地方公務人員懲戒委員會

　　事務甚簡，其年之經費，應減四、九七二圓。

五、吳縣公安局補助費

　　等於銅山補助費之五倍列數太巨，應改為全年補助
　　七三、八〇〇圓，列支原數應減為六六、〇五〇圓。

六、省會警捐公務所

　　毋庸專設，其事務應併由省會公安局兼辦，原列經
　　費，三、〇〇〇元，應全刪。

七、財政廳經費

　　新增數六、〇四八元，應全減。

八、蘇報、徐報、新江蘇日報

　　如並非黨報，而係私人所辦之報，應照各省整理財
　　政成例，將三報原列補助費二七、六〇〇圓全裁。

九、建設廳經費

　　新增數八、八四四圓，應全減。

十、肥料統制管理一節

　　係本年度所新增此項事務，本應由建設廳辦理，毋
　　庸多立名目，列支原數六千圓，應全刪。

十一、教育廳經費

　　新增數六、六六八圓，應全減。

十二、義務教育委員會

　　事務清簡，其經費每月應以五百圓為限，列支原
　　數，應減二、三〇四圓。

十三、中央高考及格人員津貼、中央政治學校學員薪
　　水、中央分發憲警幹訓兩班學員津貼

　　共列六萬七千四百餘圓之多，雖事實上不能不有

　　　　此項開支，列數究嫌太鉅，應照原數八成減支，
　　　三項共減一三、四八五圓，並將此項人員，逐漸
　　　改為正式任用，以期減少歲出額數。

第三　普通概算歲出部分

一、各營業稅局稽查徵收旅費
　　　原列八萬圓，無如此鉅數之必要，應減四○、
　　○○○圓。

二、特種事業建設費項下所列江北墾植區第一期工程
　　　費、徵工導淮入海第一期工程費兩節
　　　共列支六百萬圓，係指定以尚未呈經中央核准之長
　期公債支付，在公債尚未核准以前，應暫緩動支，以免
　牽動預算全局。江北墾植事業，尤應詳細設計，務令確
　有把握，方可舉辦，毋蹈江北各植公司失敗之覆轍。
　　　以上普通歲出經、臨兩門，共減二五八、○七五
　元，應將所列預備費，按照此數增列，以備遇有意外事
　故或緊急需要臨時動支之用。

第四　營業概算經臨歲入歲出兩部分
　　　書列省地方營業概算經臨兩門，歲入歲出。各為
　五六五、九一二元，與上年度比較，歲入增二六五、
　一三二元，歲出增四六一、六四四元。就大體言，該省
　以蘇嘉路、京蕪路、京建路、省句路、閔行輪渡等營業
　之發展，及長途電話之整理，列數固尚適當。然就出增
　數內，除去公路養路費九六、六八四元，公路債務費
　三四、五七二元，長途電話材料及桿線修理費一七、
　六八○元，共為一四八、九三六元外，出增數尚超過入
　增數四萬七千萬元，可見該省地方營業，未能經營盡

善。長途電話材料費之歲出數，在二十五縣每縣年僅一百二十元，而省府特用自動電話，則獨列一千〇八十元，對於各縣之長途電話，殊未重視（據報該省交換所及各縣所用話機類皆三十年前之舊式機）。應將各縣之話機話線，認真整理，力求改善。所有各公路路政，亦應嚴加督察，俾能平均發展。

江蘇省收支概算核定款目（元）

歲入之部	
甲、省地方普通經常歲入門	
一、田賦	11,320,000
二、契稅	1,042,000
三、營業稅	2,416,000
四、地方財產收入	316,672
五、地方事業收入	291,396
六、地方行政收入	300,000
七、司法作業收入	473,472
八、補助款收入	2,161,960
九、其他收入	155,522
乙、省地方普通臨時歲入門	
一、補助款收入	419,000
二、債款收入	6,000,000
三、其他收入	200,000
以上甲乙兩項歲入總計為	26,896,022
歲出之部	
丙、省地方普通經常歲出門	
一、黨務費	192,960
二、行政費	2,408,256
三、司法費	2,322,420
四、公安費	3,081,385
五、財務費	768,340
六、教育文化費	3,849,118
七、衛生費	60,018
八、建設費	815,838
九、協助費	751,804
十、撫卹費	30,000
十一、預備費	554,060

丁、省地方普通臨時歲出門	
一、行政費	30,910
二、司法費	4,000
三、公安費	333,454
四、財務費	80,000
五、教育文化費	1,616,566
六、衛生費	143,525
七、建設費	7,636,596
八、地方營業資本	75,520
九、協助費	4,000
十、債務費	3,137,252
以上丙丁二項歲出總計亦為	26,896,022

乙、團隊經費之統籌

　　查保衛團隊，既為捍衛地方之武力，又為實行徵兵制度之先著，關係頗為重要，如能辦理得當，訓練有方，功效當非淺鮮；反之，則徒為少數人把持搜括之工具，派餉勒捐，魚肉小民，為害之烈，實不堪言！故編練團隊，必須先謀經費之統一，同時亦必注重編制之統一，二者均能辦到，始克免除上列之弊害，以促進實質之健全。

　　中正前年在豫鄂皖三省總部時，考慮再三，洞觀癥結，特訂定整理民團條例，通飭三省切實施行。

　　按該項條例中：

　　第一、以「確定餉源」為著重點，

　　第二、則以「劃一編制」為其緊要之關鍵。

　　故條例第十六條，曾規定：凡團隊之餉需，悉由縣財務委員會統收統支，嚴禁派捐加稅及一切借端斂錢之情事；並限定官兵薪餉，必須依照額定餉章，點名發放。又第六條規定：各縣對第五條所列之編制，適用何

種，應斟酌各該縣財政情形，槍枝多寡而定，並須經行政督察專員之審查核轉省保安處長加以核定。此即所以兼顧地方之財力，核實經費之收支，安定官兵之生活，杜絕浮濫之苛派也，如各區專員兼領之縣及所屬各縣一律辦到，則一行政區團隊經費統收統支之基礎，即已樹立；如一省內所有各區各縣、均能完全辦到，則全省之團隊經費，即不難達到統收統支之目的。

比年以來，各省各縣地方編練團隊，極為普遍，然於經費方面，雖亦間有能切實規劃，著手統收統支者，但大多省份，皆係聽任縣區地方，各自為政。如經費來源，或則隨糧帶徵，或則就地派募；徵收手續，或由縣府經徵，或由團隊長官自行攤索，而餉額發放，則一省之內，縣與縣間固多差異，甚至一縣之內，區與區間，亦復彼此相懸，所有團隊經費收支情形，非特省廳方面，莫能深悉其內容，即各縣地方政府，亦每不甚了解，如此複雜紊亂，又何怪流弊叢生，滋為民害。

中正深念團隊與地方國家關係之重要，且深知整理必先從經費之統收統支入手，特於二十三年四月間，又復剴切通令豫、鄂、皖、贛、蘇、浙、湘、閩、陝、甘等省督率所屬，認真整理，並規定：凡各省對於地方團隊之經費，其已設置行政督察專員之省分，應即切實考核各該專員，於所屬各縣團體，是否已遵照奉頒條例之規定，完全辦到。如已確有條理，應即責成各該專員進籌整個全區團費之統收統支。其未設專員省份，應即由財政廳會同保安處參酌條例之法意精神，督責各縣，切實照辦，以期各縣團費，先具整齊之規模，然後進謀全

省之統一。以上兩項辦法，均以達到全省能統收統支為最終之目的。

現據各省呈報，及考察結果，尚均能遵奉命令，逐步實施。至湖南、江西等省之團隊經費，則已完全達到由省統收統支之目的矣。

丙、善後經費之籌撥

查贛省被匪擾害，前後已達七年，凡受赤匪蹂躪縣區，人民離析，生產蕩然，慘象紛呈，不忍目覩。中正受命中央，赴贛督剿，鑒於各縣地方被害之慘烈，深以為實有急圖救濟之必要。惟是善後撫綏，千頭萬緒，若非按諸實際，治標治本分途實施，殊不足以收實效。爰特根據考查收復匪區實際需要請求中央撥給治標費一百八十萬元，治本費一千五百萬元，以為實施善後之費用，旋奉核准並陸續撥發治標費一百八十萬元，治本費二百萬元，節經督飭各主管機關，酌定標準，核實辦理。惟以四省災區，至為廣袤，而受災程度輕重亦各不相侔，救濟之道，自應審察情形，酌予措置，乃將治標費一百八十萬元，指定用於江西全省災區者一百二十萬元，用於豫鄂皖三省邊區者六十萬元。在江西治標費之用途，則有特別區政治局經費、各縣區清查戶口經費、保甲經費、保衛團經費、急賑經費、碉堡經費、架設電話經費、司法經費……等項之補助。但贛省八十餘縣，曾被匪擾害者，竟有五十餘縣之多，乃督飭江西省政府考察各縣受災輕重，分為重匪災區，與輕匪災區兩種，以為補助費用之標準，並令由贛省府按照補助標準，分

別估定最低之數目，編製預算，呈准施行。嗣以匪區民
眾組織、民眾教育、民眾治療，以及其他臨時特予救濟
之事項，至為繁多，均賴治標費之挹注，杯水車薪，殊
有捉襟見肘，顧此失彼之感也。

用於豫鄂皖三省邊區之治標費，總額限於六十萬
元，然邊區轄地龐大，受災之重，較之江西各縣區，有
過之無不及。惟邊區環境，則與贛省縣區情形不同，且
以人民逃亡，甚至有數十里之內不見烟火者，故救濟之
道，特注重於游擊隊與保衛隊之組織，以及武裝移民、
武裝屯耕等項工作。在過去數月之中，督飭邊區總部切
實舉辦，尚不無相當效果。只以經費有限，六十萬元之
數，業已支用無餘，為兼籌併顧起見，現正督促該部停
止移民辦法，另行妥籌救濟方案。至屯耕事項，仍照前
案辦理，即藉田租收入，以資維持。

至治本工作，尤關重要。良以收復匪區各縣，蒙受
損害之重大，已如上述，耕牛種籽，以及其他農具等項
之損失，數量更屬驚人。各地農民方幸免赤匪慘酷之屠
殺，又感受耕種器物之恐慌，則劫後遺黎，仍將無以維
生，隱患潛滋，至堪憂慮，為防患未然計，不得不出以
緊急救濟之一途。節經先將撥到之治本經費二百萬元，
辦理農村救濟及農民貸款等項事業。惟茲事體大，非有
充分經濟之準備，要不易收其效果。現以奉撥之數額無
多，惟有按照實際所需，於極端節約之中，以力求事業
逐步之推廣。所有一切辦理情形，均已另詳報告。惟欲
求農村事業之普遍發展，收復匪區之恢復繁榮，是仍有
賴於中央之繼續接濟耳。

第六　關於教育事項

甲、辦理剿匪區內各縣民眾教育

　　二十二年六月間，本行營以贛省剿匪區內地方教育，往往因各縣秩序未臻寧謐，恒呈停頓之象，致接近匪巢之民眾，易受赤匪之宣傳簧惑，根本上實有興辦特種教育，以資救濟之必要。因通令前方各總指揮各軍長各師長各師政訓處長，負責辦理各駐在地民眾學校，自七月一日起，一律開辦，不得延誤；其無政訓處組織之各師，則責成師特黨部人員主辦。同時並制定剿匪區內教育實施方案，頒布遵行。又以剿匪區內一切教育事宜，如課程之分配，修業之期限，教材之編訂等，在在均關重要，特組織剿匪區教育設計委員會從事研討，並編訂剿匪區內適用民眾教本四冊、教學法四冊，印發各民眾學校應用（教本共印十萬冊，均已分發無餘）。至本年八、九月間，贛省匪陷各縣，次第收復，一切地方善後事宜，自應交由贛省府主辦，遂決定將各師所辦民眾學校一律移交當地縣政府，秉承該管省政府統籌辦理。

剿匪區內實施教育方案

（一）教育目的

　　　　發展國民教育，使人人識字，增進生產自衛能力，啟發民族意識，確定主義信仰，以達自給自衛愛群愛國之目的。

（二）教材標準

　　（1）宣揚三民主義。

　　（2）揭破赤匪的錯誤和罪惡。

　　（3）告以現在共黨在各國之沒落狀況。

　　（4）教以禮義廉恥與忠孝仁愛信義和平。

　　（5）教以農藝築路建堡公民社會自然衛生等常識。

　　（6）演講歷史上為民族爭生存為社會而犧牲之偉大
　　　　人物的事實。

　　（7）解說國家現在的地位和國際的環境。

　　（8）施行保甲保衛偵探的訓練和組織。

　　（9）提倡體育。

　　（10）婦女問題（專教育婦女）。

（三）取材方法

　　（1）凡已經教育部編訂審定之一般教材仍予採用。

　　（2）凡須從新編訂之特種教材由行營第四廳組織剿
　　　　匪區教育設計委員會編訂之。

　　（3）體裁不限於讀物，如山歌、田歌、說書、唱
　　　　詞、小調、電影片、圖畫、標語、戲劇等等均
　　　　可並用。

　　（4）徵集民間歌謠。

（四）實施辦法

　　（1）剿匪區域，軍隊駐地附近，或各縣各地舊有學
　　　　校，責成各該駐地最高軍事長官負責督辦，由
　　　　政訓人員主持師旅團服務人員輔佐之，即使軍
　　　　隊出發，亦須留人續辦，不得停閉。

　　（2）地方尚在進行之教育機關，概仍其舊，由原機

關主持，或由軍隊方面協助之。

（3）此項教育，應以成人教育為主，兒童教育為副；關於學生年齡，課程分配，授課時間，修業期限等等，由教育設計委員會訂定施行。

（4）要利用農隙或夜間授課。

（5）每週及每月應舉行試驗，成績優良者，應給以紙筆或金錢，以示鼓勵。

（6）開辦前要廣為宣傳，開辦後要採先寬而後嚴，先易而後難，先自動而後強迫，辦法引起民眾的興趣，使皆樂於就學，做到當地壯丁與少年無一不受教育者。

（7）時當舉行通俗講演，戲劇表演，和國術競技比賽等。

（8）實施此項教育人員生活要絕對平民化，行為絕對革命化態度要牧師化，設法接近民眾，凡民眾利益所在要予以切實援助。

（9）教員可由政訓人員及師旅團服務人員兼充，師政訓處應設法鼓起其興味力避敷衍缺課之弊。

（五）經費規定

（1）政訓人員所主持之學校經費，以師為單位，每月經費以三百元為限，由師政訓處在此項標準範圍內按月向本行營請領，並據實報銷。

（2）地方原來辦理之學校經費，仍由省教育廳核定經費為準，就地方教育經費項下開支，或由省教育廳量予輔助。

（六）考核機關

> （1）辦理剿匪區內教育，應由師政訓處或地方教育
> 機關按月將實施狀況報告本行營，或省教育廳
> 查核。
>
> （2）本行營或教育廳隨時派員實地考察，獎懲辦法
> 另定之。

乙、辦理江西省會民眾教育

　　二十二年八月間，本行營以贛省隣匪區半匪區各縣
地方教育，已責成前方各部隊分別辦理，而南昌為本行
營所在地，失學民眾尚多，贛省府年來困於匪患，經費
支絀，又無力擴充民眾教育班次，殊有另行設法救濟之
必要。因令本行營第四廳及政訓處會同江西省教育廳各
派職員（共七人）組織江西省會特設中山民眾學校管理
委員會，辦理省會民眾教育事宜，月需經費，由本行營
按月發給。計自開辦起，至現時止，已陸續辦理三期。
第一、二兩期各設夜校十四所，畢業生共四千餘人；第
三期於本年九月一日開課，除原有十四夜校外，添日校
兩班，在校學生共二千二百餘名，預計須於二十三年一
月底方得辦理完畢。現時本行營對於剿匪區五省特種教
育，已另有通盤計劃，擬自第三期辦畢後，即將上述管
理委員會裁撤，不再續【以下原書缺頁二頁】。

贛閩皖鄂豫五省推行特種教育計劃綱要

一 五省特種教育之重要

一、被匪省份,一般民眾,或思想麻醉,亟待糾正,或奮起自救,尤需指導,實施特種教育,注意公民、職業、自衛的訓練,以正確其思想,健全其人格,發展其生計,扶植其生活。

二、被匪省份,地方教育經費既極困難,地方自籌,為事實上之不可能,應另籌的款,以資救濟。

三、根據江西第十區辦理蓮花縣兒童劇共隊之成績,可證特種教育之成效與必要。

二 五省特種教育之實施

甲、宗旨及目標

一、宗旨

救濟收復區民眾,謀教、養、衛兼施之實現。

二、目標

1.揭破赤匪罪惡與謬妄。

2.施行公民、自衛、生產之訓練。

3.力謀收復區教育之推廣。

乙、行政組織

一、組織贛閩皖鄂豫五省特種教育委員會隸屬於軍事委員會委員長南昌行營。

二、委員會設常務委員。

三、委員會設視導專員。

四、五省各設特種教育處,設置處長一人,由各

該省教育廳廳長兼任，並分行政、訓練、研究三部。

丙、訓練

一、訓練目標，注重於身體、知能、思想、態度各方面。

二、入學資格，定為六項。

三、招收學員辦法，分保送與自由投考。

四、訓練期間，定半年至一年。

五、課程暫定為十八科。

六、學員訓練期間，所有膳、宿、制服等費，概由公款供給。

七、學員訓練期滿，分派各收復區服務；並視其成績，隨時召回訓練。

丁、實施

一、特種教育處負行政、訓練與研究之責。

二、特種教育處應設置區縣或特別區特種教育指導員。

三、特種教育處應舉行收復區社會狀況調查。

四、特種教育處應辦理特種教育實驗區。

五、特種教育處編輯各項教材。

六、特種教育處應刊行宣傳文件。

七、特種教育處應置備電影機幻燈機。

戊、事業

一、收復區應設中山民眾學校。

二、收復區中山民眾學校，每年應配補助費十分之一，地方應逐年籌措十分之一，以資彌補，十

年之後，可以全賴地方財力支持，每年由減少
所得之公款，充各收復區公私立學校補助費。

三、收復區應舉行識字運動並購備收音機。

四、中山民眾學校分配兒童班、成人班、婦女班。

五、中山民眾學校，以兒童班、成人班，為其基本
班次。

六、中山民眾學校校舍，以利用公共場所為原則。

七、中山民眾學校設校長一人，擔任行政與教學，
必要時得添聘教師。

八、中山民眾學校校長，或教師應兼辦地方改進
事項。

九、中山民眾學校之課程，兒童班定為國語、體
育、勞作、自衛、算術五科；成人班定為公
民、體育、勞作、自衛、算術五科。

十、中山民眾學校兒童班，廢止日曜日及寒暑假，
一年畢業；成人班或婦女班上課時間，至少
一百二十天。

十一、中山民眾學校課程，兒童班國語占七分之四，
餘占七分之三；成人班公民占三分之二，餘占
三分之一。

十二、中山民眾學校教材，兒童班將短期小學課本改
編應用；成人班採用剿匪區民眾課本。

十三、利用中山民眾學校校址，舉行公民訓練。

十四、中山民眾學校，相當時間後，得酌設高級班及
職業補習班。

三　經費

一、經費分配　贛、閩、皖、鄂、豫五省推行特
　種教育之經費，以十年為期，第一年總額預定
　四十萬元，贛十二萬元，閩、皖、鄂、豫各省
　年各六萬元，其他特種補助費四萬元。

二、經費預算　由各該省特種教育主管機關，就分
　配數目，編製切實預算，呈候核定。

贛閩皖鄂豫五省推行特種教育計劃

一　五省特種教育之重要

一、贛、閩、皖、鄂、豫五省，橫受赤禍，匪區民
眾多受煽惑，更有所謂列寧小學，一縣多至數百所，以
為麻醉青年之利器，此種思想上之流毒，實較有形匪患
為尤甚，其或因禍害切膚，思奮起自救者，亦苦無教育
上有力之指導，現經收復，不■不有教養衛兼施之特種
教育，與以感化的、公民的、職業的、自衛的訓練，以
正確其思想，健全其人格，發展其生■，扶植其生存，
此特種教育之推行，實為目前當務之急者一。

二、贛、閩、皖、鄂、豫五省，地方教育經費本極
支絀，就中以江西為最，以經費支絀之故，致原有教育
設施，已感應付竭蹶，益以數年來，屢受赤匪之摧殘，
經濟幾瀕崩潰，何從寬籌，以資洰注，況被匪縣份，縱
經收復，對於被難民眾之招亡撫卹，在在需款，不遑顧
及教育事業，若責地方能釀集興辦，匪特無款可籌，且
失與民休息之本旨，然教育推行又屬刻不容緩，惟有另

籌的款，興辦特種教育，庶可挽救劫後瘡痍之各省，此特種教育急應興辦者二。

三、據江西省第十區行政督察專員公署辦理蓮花縣兒童剿共隊報告：「凡經匪化之兒童，既不知三民主義為何物。即人類日常生活應守之秩序與習慣，亦茫然不知，所表者皆反常悖禮之舉動與意識，後將各村兒童，施以類似軍事之組織，每日授以黨義，精神講話、常識、唱歌、遊戲、軍事操等，每星期日召集各村隊長，加以訓練，不數月而成效大著，不但覺悟過去被匪欺騙之不當，並信仰三民主義為救國救民唯一主義，又能幫助壯丁放哨，擔任查驗路軍，協助封鎖，及調查刺探。其工作效率，較諸成人毫無遜色，而敏捷過之」觀上述實際情形，可證特種教育之重要者三。

二　五省特種教育之實施

甲、宗旨及目標

一、贛、閩、皖、鄂、豫五省，為謀匪區收復後之救濟，以教育為中心，注重改正民眾錯誤思想，與訓練地方自衛，增加農村生產，而謀教、養、衛兼施之實現。

二、特種教育之目標如左：

1. 訓練一般民眾及兒童，使能澈底了解赤匪之罪惡，與其論據之謬妄，以期確信三民主義，愛護國家。

2. 訓練一般民眾及兒童，使有公民的資格，自衛的力量，與生產的技能，以期社會安

寧，人民樂業。

    3. 建立各該省收復區教育之基礎，且力謀
      推廣。

乙、行政組織

  一、由軍事委員會委員長南昌行營　組織贛閩皖鄂
    豫五省特種教育委員會（以下簡稱特教會），
    負設計及監督之責任，以行營代表二人及該五
    省教育廳廳長為當然委員外，並延請熟悉收復區
    情形，熱心特種教育人士若干人，及中英庚款
    理事會代表二人（中外各一人）為聘任委員。

  二、特教會設常務委員三人，負主持會務之全責，
    除行營代表一人，及所在地之教育廳廳長外，
    由委員互選一人充任。

  三、特教會設視導專員若干人，受常務委員之指
    揮，負督促並指導各該省推行之責任。
    特教會組織規程另定之。

  四、贛、閩、皖、鄂、豫五省各設特種教育處，設
    處長一人，由各該省教育廳廳長兼任之。負處
    理處務之全責，處長之下，設秘書一人，並分
    行政、訓練、研究三部，每部各設主任一人，
    職員、導師各若干人，分理各部事務。

丙、訓練

  一、特種教育師資之訓練目標，應特別注重左列
    各項：

  （一）身體方面

    1. 健全之體格

　　　2. 刻苦耐勞之習慣

（二）知能方面

　　　1. 糾正民眾錯誤思想

　　　2. 領導民眾自衛

　　　3. 增進民眾生產

　　　4. 灌輸民眾常識

　　　5. 推廣合作事業

　　　6. 輔導地方自治

（三）思想方面

　　　1. 深刻認識三民主義，為唯一救國主義

　　　2. 堅決信仰深入農村，為唯一救國途徑

（四）態度方面

　　　1. 接近民眾，有熱烈心情

　　　2. 服務社會，有犧牲精神

二、凡有左列資格之一者，得入特種教育處，受師
　　資訓練：

　　　1. 黨部工作人員

　　　2. 師資學校及中等以上學校畢業生

　　　3. 現任政治訓練工作人員

　　　4. 農村合作訓練人員

　　　5. 現任之保衛團團長、區長、保聯辦事處主任

　　　6. 曾任小學或民眾學校教師一年以上，有證明
　　　　文件，並經該縣公務人員二人以上介紹者

三、訓練特種教育人員，應由特種教育處呈請省政
　　府通令各縣保送合格人員入處受訓，此外並酌
　　留投考名額若干人。

四、前項人員經考試合格後，施以半年至一年之嚴
　　格訓練，派遣各地服務，成績特優者，得提前
　　派遣。

五、特種教育處師資訓練之課程，暫定如左：

　　1. 三民主義

　　2. 鄉村教育

　　3. 短期義務教育實施法

　　4. 民眾教育理論與實際

　　5. 調查及統計

　　6. 匪區狀況研究

　　7. 封鎖要義

　　8. 農村自衛（附軍事訓練）

　　9. 農村合作

　　10. 農村自治

　　11. 農藝或工藝實習

　　12. 社會及自然常識（附衛生醫藥常識）

　　13. ■■■■及實習

　　14. ■■

　　15. 音樂

　　16. 注音符號

　　17. 體育

　　18. 國衛

六、訓練期間不收學費，所有宿、膳、制服等費，
　　概由公款供給。

七、各省特種教育處畢業學員，派往各縣區服務
　　者，應視其辦事能力之高下，與成績之優劣，

　　　　　經相當時間後，召回原處訓練，以一個月為
　　　　　期，其在訓練期間，除照支原薪外，所有膳、
　　　　　宿等費，概由公款供給。

丁、實施

　　一、各省關於行政與研究等實施事項，均由各該省
　　　　特種教育處負責處理。

　　二、各省特種教育處，為推行便利計，應就各該省
　　　　原有行政區域，分區辦理，每區就各分區行政
　　　　專員公署，設置區特種教育指導員，其分區中
　　　　之各縣區，設置縣或特別區特種教育指導員，
　　　　分別負推進指導全縣或全特別區特種教育之
　　　　資，由處長委派之。

　　三、各省特種教育處，應切實調查收復區社會狀
　　　　況，以為實施根據。

　　四、各省特種教育處，應就各該省收復區中，各選
　　　　定一縣或特別區，為特種教育實驗區，實驗特
　　　　種教育之理論與實施，以增效率，而樹楷模。

　　五、各省特種教育處應編輯適合於各省地方情形之
　　　　特種教育實施機關應用各項教材，及民眾補充
　　　　讀物。

　　六、各省特種教育處，應分別刊行研究特種教育，
　　　　以及與實施特種教育有關之定期或不定期刊
　　　　物，與宣傳文件，以謀施教之普遍。

　　七、各省特種教育處，應備小型電影機，及幻電機
　　　　一、二架，輪流赴各特種教育區域放映。

戊、事業

一、凡贛、閩、皖、鄂、豫五省匪區收復縣份，每縣區平均應設中山民眾學校十二所，其經費全部由公款補助之。

二、各校補助費以十年為期，但應逐年減少十分之一，該校所在地方應逐年籌措十分之一，以資彌補，十年之後，可以全賴地方財力支持，其每年由減少所得公款，得補助各收復區公私立民眾學校，或鄉村小學，藉示提倡。

三、凡匪區收復後，各機關，各社團，均應屬行識字運動，及公民訓練，縣政府或特別區政治局，並應於可能範圍內，購備收音機，公開播音，以謀特種教育之普及。

四、中山民眾學校分設下列兩種班次：

　　1. 兒童班

　　　招收年齡在十歲以上十六歲以下之兒童，不分性別，以四十人至六十人為一班，依學生程度之高下，分團編制，在每天上午或下午上課二小時，一年畢業。

　　2. 成人班

　　　招收年齡在十六歲以上五十歲以下之民眾，以三十人至五十人為一班，每天上課二小時，得於晚間舉行，四個月畢業，婦女滿二十人者得另設一班。

五、中山民眾學校以兒童班與成人班各一班為基本班次。

六、中山民眾學校之校舍，儘量利用原有之學校校舍，及社會教育機關，或寺廟、會館、祠堂等公宇，遇必要時，得借用民眾餘屋。

七、中山民眾學校設校長一人，綜理全校行政，其僅具有基本班次之民眾學校，校長須兼任該校全部教育，班次增加者，得由校長酌量情形，添聘教師助理。

八、中山民眾學校校長或教師，除授課外，應兼辦左列各項事業：

（1）舉行通俗講演（每週至少四次）。

（2）推行識字運動。

（3）參加地方自衛工作。

（4）指定農村合作，及農業推廣事宜。

（5）其他地方改進事項。

（附註）各校校長或教師，應由民政廳通令各縣縣政府，或特別區政治局，加委為各該學校所在地之區辦事處服務員。僅具名義，不支薪給，如此與地方之行政組織上，可發生關係，俾得兼辦或指導社會事業之工作，與區長推行區政，亦可得相互協助之效。

九、中山民眾學校之課程如左：

（一）兒童班

（1）國語

關於思想方面：注重宣揚三民主義，揭破赤匪罪惡，提倡固有道德，啟發民族意識，並授與公民生活之常識等，關於

文字方面：授以普通文、應用文、詩歌、故事等，養成讀書，寫，作之能力。

（2）體育

注重健康訓練，養成衛生習慣。

（3）勞作

授以適合地方需要之農藝或工藝，及其他生活上應用之知能。

（4）自衛

組織少年剿共義勇隊，授以偵察、防禦、看護、急救等常識，並養成其犧牲、服務、公正、互助，及遵守紀律之精神。

（5）算術

注重日常生活之計算能力，養成民生觀念。

（二）成人班

（1）公民

宣揚三民主義，揭破赤匪之錯誤與罪惡，並針對民眾之思想言論，為深切之指導，教以禮、義、廉、恥，與忠、孝、仁、愛、信、義、和、平等美德，表揚歷史上為民族爭生存，為國家而犧牲之偉人事蹟，解說國家現在所處之地位和國際環境；授以普通文、應用文、歌曲等，注重閱讀及思想發表之訓練，並公民生活之常識。

（2）體育

提倡體格鍛練，舉有爬山、越嶺、賽跑、遠足、國術、競技等；並養成其各種衛生之習慣。

（3）勞作

鄉村設農藝科，授以農業常識，改良農作知能，市鎮設工藝科，授以工藝常識，增進工作技能。此外並訓練其組織信用、供給、利用、運銷等合作社。（婦女班應改設家政常識，兒童保育等科。）

（4）自衛

施行保甲、保衛、打靶、偵探之訓練與組織，擔任建築碉堡、土城、挖掘戰壕、修築道路、組織剿共義勇隊、搜查匪匪，及埋藏槍械，並養成看護、急救、防疫等知能。

（5）算術

注重日常生活之計算能力，養成民生觀念。

十、中山民眾學校作業時間規定如左：

（一）兒童班

（1）廢止日曜日休假，每週七天，每天三節，每節四十分。

（2）廢止寒暑假，惟得視地方需要（如農忙等）與習慣，停課若干天，但全年停課日期，最多不得超過六十天。

（二）成人

　（1）上課日期，至少一二〇天。

　（2）每天二節，每節五〇分鐘。

十一、中山民眾學校各科教學時間如左：

　（1）兒童班

　　　每週以七天計算：

課程	節數	時間統計（分）
國語	12	480
體育	2	80
勞作	3	120
自衛	2	80
算術	2	80
共計	21	840

　（2）成人班

　　　以一百二十天計算：

課程	節數	時間統計（分）
公民	160	8000
體育	20	1000
勞作	20	1000
自衛	25	1250
算術	15	750
共計	240	12000

十二、中山民眾學校教材之編選如左：

　（1）兒童班

　　　根據教育部編印之「短期小學課本」改

　　　編，並加入適合各該省需要之教材。

　（2）成人班

　　　採用軍事委員會委員長南昌行營剿匪區

　　　教育設計委員會編印之「民眾課本」並

選編補充教材。

婦女班參用成人班課本，並另編適合婦
女需要之補充教材。

（3）利用中山民眾學校校址，設立公民訓練講
堂，及通俗講演所等，藉以實現公民訓
練遇必要時將原有省縣立之社會教育機
關歸由各省特種教育處管理以利進行。

（4）中山民眾學校經相當時間辦理，著有成
績後可酌減初級班，改設高級班俾一般
民眾有繼續求學之機會。

三　**經費**

經費分配

　　贛、閩、皖、鄂、豫五省推行特種教育之經
費，以十年為期，第一年預定總額為四十萬元，贛
十二萬元，閩皖鄂豫各為六萬元，其他特種補助費
四萬元。

經費預算

　　由各該省特種教育主管機關就分配數目，編製
切實預算，呈候核定。

第七　關於建設事項

甲、督修各省公路

　　剿匪各省公路，除查照民國二十一年十一月三省總部召集豫、鄂、皖、贛、蘇、浙、湘七省公路會議規定之七省聯絡幹線，及七省境內幹支各線分期興築辦法，切實督修，俾能如限完成，以發展交通外，並以修築交通列為各省四大要政之一，於本年三月以梗電飭各省政府限期完成。其關係剿匪軍運者，則按事實之需要，臨時指定趕築，俾利清剿，茲將一年來臨時指定測修或特准補助之路，舉其要者，開列如左。

豫省　潢川至商城縣，方家集至黃土嶺線，洛潼經盧氏至潼關與至荊紫關線。

鄂省　麻城至潢川線，老河口至白河線，襄樊至南陽線，大冶至鄂城線，鄂南陽大、辛陽、通辛、崇通、羊崇各段，恩施至巴東線，武漢要塞要。

皖省　殷家匯至屯溪線，屯溪至景德鎮線，安慶至殷家匯線，黃土嶺至立煌線，蔣家壩至明光線。

贛省　蓮花至安福線，安福至永新線，黎川至光澤線，修水至通城線。

蘇省　■山經寶華山至龍潭線，龍潭至麒麟門線，揚州至浦口線，揚州至清江浦線，京郊要塞軍用路。

浙省　嘉興至湖州線。

湘省　常德至鶴峯線，公安至澧縣線，衡州至永州線，衡州至寶慶線，郴州資興至淩城線，郴州至道州線，耒陽至茶陵線。

陝省　自鄂北白河陝西之安康繞入川北之廣元線，西安
至蘭州線，西安至洛川線，西安至漢中線。

閩省　浦城至延平線，延平至長汀線，崇安至建陽線，
邵武至建陽線，延平至建寧線，邵武至光澤線，建寧至
長汀線，邵武至泰寧線，徐坊至寧化線。

　　最近為便利圍剿川匪起見，並規定鄂、湘、黔、
川、陝五省聯絡路線，計貴陽至成都線，漢口至成都
線，長沙至貴陽線，十里鋪至長安線，長安至成都線。

乙、試辦移民屯墾

　　各被匪縣區慘遭浩劫，人口減少，田地荒蕪，其善
後計劃，自以移民屯墾為最切要。惟茲事頭緒紛繁，費
用浩大，在剿匪工作尚未結束，軍需孔亟，挪移無術之
際，實未易舉。然為綢繆善後計，年來亦屢在籌備試辦
中。茲將有關各案撮敘於次。

　　去年十月，江西省政府曾經擬訂江西省移民墾殖辦
法，擬將匪區民眾，以合作方式，移墾各縣荒地、並經
擇定南潯鐵路以東一帶沖決之堤為墾殖地點；自新建、
永修縣屬衡豐及新增下太平、木蓮等圩著手。所需農
具、耕牛、種子、肥料、建築房舍、圩堤、公路、碉
堡、學校及其他必需之費，約需一百五十餘萬元。據呈
請就中央核准之剿匪善後治本經費項下劃撥貸予。經本
行營詳加審核，其辦法尚屬可行。惟以中央核定之善後
治本費，兩次蒙撥二百萬元，僅為原額十五分之二；
而此間治本緊要用途甚夥，無從分配及此，祇得暫從
緩議。

又赤匪向以避實就虛，襲擊後方為慣技。豫鄂皖邊區剿匪總司令劉鎮華為撻破赤匪農村組織，鞏固後方，樹立興復農村始基起見，曾於去年七月及十月先後擬訂興復農村保衛隊辦法及移民辦法，擬將收復匪區內附匪人民移出，另以武裝民眾偕同良民移入，先搶收匪區稻穀，並留居耕種。其移出人民，則按其情節，分別處置。曾在赤匪擔任重要職務，情節重大者，照軍法核辦；情節較輕者，裁定感化期間，送院感化；被脅民眾，無重大嫌疑者，擇定安插。經豫鄂皖三省剿匪總司令部及本行營暫准試辦。惟移入之民，多不願留居險象環生之區區，而移出之民，安插亦甚感困難。試驗結果，未能如所預期。業於本年四月令其停止，辦理結束，改為築寨圍集團居住，以資保衛。

又屯田條例，曾於二十一年十月由豫鄂皖三省剿匪總司令部制定頒行。嗣因剿匪軍事節節進展。各部隊未能久駐一處，以致尚未實行。本年八月，據北路軍第六路總指揮薛岳呈請將江西籐田特別區所屬之渡溪及坪頭山以西北區無主荒地，劃清區域，以所淘汰之老弱士兵，使其從事開墾，自食其力。此種辦法，雖與屯田性質不同，但為安置退伍士兵，復興農村計，亦屬切要。惟新收復之區，業主大多逃亡未歸，區內荒地有無業主，尚難斷定。如盡行分配退伍士兵耕種，將來業主回鄉，必致無法安置，不得不在特准授田之原則下，兼顧及回鄉業主之利益。特令其先就能證明確係無主者，計口授田，分配退伍士兵耕種，其有無業主，無法判明者，參照屯田條例之規定，酌留相當地畝，以備分給回

鄉之業主。一面由籌田政治局酌定相當限期，催告業主回鄉登記。過期不登記者，再將所留地畝，分配於退伍士兵。至確知其業主者，亦酌定期限，令其恢復耕作。逾期不耕種，亦得分配于退伍士兵。似此雙方兼顧，庶業權不致因開墾而失其保障，墾務亦不致因業權問題礙其進行。

江西省移民墾殖辦法草案

二十二年十一月一日呈准備案

一、江西省政府，為移徙匪區民眾，以合作方式，墾殖各縣荒地起見，特訂定移民墾殖辦法，以資遵行。移民墾殖事務，暫由本府設立移墾組，負責管理，其組織規程另定之。

二、江西省政府，先就贛北各縣，現有荒地，詳加調查，指定墾殖區域，設立墾殖事務所，受本府移墾組之指揮監督，辦理各該區域內一切墾殖事宜，其組織規程另定之。

墾殖事務所，得按設立先後次序，編列番號，以資區別。

三、被指定為墾殖區域內之行政事務，在五年以內，統由墾殖事務所依法處理，期滿後交由原屬縣政府接管之。司法事務，仍由原屬司法機關處理。

四、凡在匪區及隣匪區之居民，依照行營法令，應行移出，由所在地縣政府，或其他負責機關強制遷移造具清冊，由本府指定移墾地點，分配人數，交由移墾組執行之。

五、移墾組應將指定之墾殖區域，先行勘明界址，測量面積，劃分宅地、耕地，預為編成地段，並規定道路、溝渠、圩堤，及其他公共建築，公共設備之用地，並應在移民到達前，預為建造臨時住屋若干，以供移民初到時之居住。

六、移墾組指揮墾殖事務所，將在墾殖區域內，應先準備各事辦理完竣後，應即派員，赴應行移民所在地，會同當地縣政府，或其他負責機關，將應移人民，查點清楚，編為若干組，定期集合於指定地點。分別移送之。

七、移民所有動產，准於移出時，全部攜帶，其不動產，如不及立時變賣，得向當地縣政府登記，以備將來變賣，但因戰事或其他原因毀損者，當地縣政府，不負賠償之責。

八、移民在移送途中，及一切運費，完全由本府供給之。

九、移民到達指定地點後，應由墾殖事務所，供給臨時住宅，並一星期內之膳食，此後即按各人能力，分配工作，由墾殖事務所給以相當工食，其未能工作者，以由各該家屬負擔食用為原則，其家屬實在無力負擔者，得由墾殖事務所酌予給養，其詳細辦法另定之。

十、移民家屬在八口以內者為一戶，其超過八口、有男丁可以獨立生活者，得分為兩戶以上。

十一、在墾殖區域內，為便於公共設備及管理起見，每村戶數，暫定為五百戶，其超過五百戶者，得

劃分為兩村。

十二、墾殖事務所，按人為單位，分別壯幼男女，將墾
　　　區域內之土地，無償分配於移民，分別耕佃之。
　　　前項分配之土地，應由墾殖組先行查考土宜，
　　　另行規定等級，為分配之標準。

十三、墾殖事務所，應按戶為單位，將預定宅地，無償
　　　分配於移民，自行建造房屋，其所需建築費，
　　　經移墾組審定後，由墾殖事務所貸予之。

十四、墾殖事務所，應於分配耕佃後，立即指導移民，
　　　依法組織利用合作社，並得兼營他種業務。

十五、移民開墾承耕荒地，所需之農具、耕牛、種子、
　　　肥料，其他必需之資金，經移墾組審定後，由
　　　墾殖事務所貸予移民所組織之合作社，分別置
　　　辦，或貸予之。

十六、墾殖區域內，建築圩堤公路、學校、村公所、碉
　　　堡等項，所需經費，概由移墾組審定後，撥交
　　　墾殖事務所分別貸予之。

十七、移墾組貸予利用合作社款項，凡屬於合作社公
　　　共設備者，由合作社就徵收設備費內，從第二
　　　年起，於十年內分期償清。其私人向利用合作
　　　社兼營之信用部所借款項，由借款人從第二年
　　　起，酌量情形，於十年內，分期償清之。
　　　利用合作社徵收社員之設備費，不得少於正產
　　　品收入百分之二十。

十八、移墾組貸出款項，從移民到達墾殖區域之日起，
　　　三年以內，概行免息，逾期按年利六釐計算，

合作社轉貸款項之利率，得自行酌定，但至高
不得超過年利一分二釐。

十九、墾殖區域內之土地所有權，歸移民共同組織之，
本村利用合作社所公有，永遠不准變賣，或割
讓於任何私人。

二十、移民在五年以內免租納稅，五年以後，應按地
價，向所屬各該縣政府納稅。

二一、移民遷居墾殖區域外，或死亡無繼承人時，其土
地得收歸合作社，另行發佃。私有財產，無人
承受時，應撥歸本村合作社所有。

二二、墾殖事務所，應指導移民，依法組織保甲及各種
自衛團隊，並施以特殊教育，其辦法另定之。

二三、移民墾殖，所需全部經費，由本府按照施行次
序，呈請行營撥發之。

二四、本辦法如有未盡事宜，得隨時修改之。

二五、本辦法自呈奉行營核准之日施行。

丙、防止各省工潮

我國以生產落後之國家，一切新興工業，皆在胚胎
時期，如何共同提攜互助以謀其進展，尚虞不逮。乃近
年以來，各工廠工人習染不良，風潮迭起，既以自戕其
方始萌芽之工業生命，而不逞之徒又復闌入其中，勾
結煽惑，資為擾亂之工具。當此國難方殷，剿匪緊急之
時，凡屬國人，應如何努力生產，充實國力，安定後
方，便利軍事，豈容有此，自促國脈。若不設法防止，
誠恐滋蔓難圖。惟歷次工潮，非藉口於廠主之虐待，即

要求工資之增加。故防止之法，不僅在工潮之制止，尤
不許有虐待之事實。其於工人經濟，縱不能為收入之增
加，亦須謀支出之減少。似此兼籌並顧，庶可消弭無
形。再生產量之多寡，與工作時間之長短，甚有關係，
防止工潮，而不增加工作時間，亦僅能維持固有之生產
力，並不能增進產額。在豫鄂皖贛閩剿匪省區，地方殘
破，生產衰落，必須更進一步，力謀生產之增加，始能
早日恢復元氣。故於防止工潮之外，尤有加長工作時間
之必要。爰本此旨，於本年四月，先後發布「魚」、
「宥」兩電，令各省遵照施行。

電各省政府為禁止工廠工人罷工怠工及廠主虐待工人仰轉飭主管官署遵照

二十三年四月六日

銜略。密。現值國難期間，應謀舉國一致努力生
產，充實國力。即生產事業中，各項工業實居重要地
位。查現有各地工廠，在我國工業發達進程中，僅具萌
芽，基礎虛弱已極，勞資雙方，須知榮枯與共，休戚相
關，設廠主不知愛護工人，或工人任意怠工罷工，要挾
廠主。其影響所及不惟勞資雙方俱陷於不利之狀態，而
危害社會秩序，削減國家應有之生產能力。在國家全部
利害上，尤所不許。嗣後各處工廠，倘有擅自罷工怠工
情事，應由當地主管官署嚴加禁止。若發生上項風潮之
工廠組有工會者，並得由該管官署查照工會法第三十七
條第三款之規定。先將該工會勒令解散，使風潮得以迅
速解決，此為國難期間之特例。至各廠之主，尤不准有

虐待工人之事發生。各該管官署，應即特別注意，隨時糾正，以期消患無形。除分電外仰該省政府轉飭該管官署一體遵照！

蔣中正魚行治惠印

電豫鄂皖贛閩省政府暨省市黨部嚴禁各工廠工會向工人抽收一切費用及工作時間應以十小時為標準特電遵照

二十三年四月二十六日

開封劉主席、武昌張主席、安慶劉主席、南昌熊主席、福州陳主席暨各省市黨部團：

　　密。查消滅工潮，安定社會，為現時豫鄂皖贛閩剿匪省區最為切要之■，而歷次工潮發生，每以要求增資為主因，是消滅工潮，自以減輕工人經濟上之痛苦為有效辦法。查各工廠工會　向工人徵收會費，或其他費用，使工人汗血所得之收入，頻遭無謂之剝削。雖工會法第十七條規定，工會得向工人徵收入會費、經常會費、特別基金、臨時募集金或股金等項。但此係平時之規定。在豫鄂皖贛閩五省剿匪期間特殊情勢之下，為免妨害剿匪工作計，自不能不予以變通，以適當前之環境。所有工會法第十七條之規定，在豫鄂皖贛閩五省剿匪期間之內，應暫行停止其效力，嗣後各工廠工會，不准再向工人徵收會費，及其他一切費用，須知減輕工人之支出，即無異增加工人之收入。對於此節，應切實查禁，並將辦理情形呈報查核。再查八小時工作，雖各國之通例，但其立法之主旨，在遏生產過剩。我國生產事

5797

業，本已落後。不患過剩，而虞不足。以不足之國家，而為過剩之遏止；其為非計，寧待細述。況豫鄂皖贛閩五省頻年慘受匪亂影響，生產衰落，較前尤甚。自非努力加速生產，不易恢復元氣，查修正工廠法第八條，成年工人，每日實在工作時間，雖亦以八小時為原則，但有因地方情形，或工作性質必須延長時間者，得定至十小時之規定。則在上述五省特殊情形之下，自應適用此次規定，以促進生產之增加。嗣後各工廠工人，除童工外，其每日工作時間，應以十小時為標準。期使他國工人五日完成之工作，我國工人，只需四日即可完成。日計不足，月計歲計，則有餘，一人增加之力不顯，合數省工人增加之力至為偉大。如此急起直追，其有裨於國力之充實，與地方元氣之恢復者，實非淺尠。仰轉飭一體遵照；惟須查照魚電，切實注意，不准廠主有虐待工人情事。倘有虐待情形，得由該地工人據實陳報省區地方長官，轉呈本行營，秉公處置，斷不有所偏袒；務令勞資兩方，各得其平，共安生業，以期同挽經濟之困難。除分電及另令外，特先電飭遵照；並仰錄電布告實貼各工會工廠門首，一體懍遵為要！

　　　　　　　　　　　　　蔣中正宥行治惠印

第八　關於保安事項

甲、保安制度之改進

　　本年六月，召集八省保安人員，於南昌行營，舉行第二次保安會議，其主要目的有二：一以檢查一年以來各省之情形，及工作之進度，使各述所得之經驗，所感之困難，以互相觀摩，互相研討。一以徵集多數意見，依據統一集中之原則，將所有保安團隊之組織、制度、名稱、訓練、經費等項，盡量統一集中，務使精神上行動上，確實共同一致，乃可發揮整個力量，以保衛治安。經會議商討，認為保安制度，實有改進之需要，爰根據各省當前之事實，酌采各省人員之建議，制定各省保安制度改進大綱，俾一切保安事業，無論現時在何階段，皆可分別情形，依此大綱，逐步改進，共達同一最高之目的。綜其要旨：一曰名稱之統一，二曰步驟之促進，三曰訓練之整齊，四曰經費之統籌，皆為此項大綱根本意義所在，經分令蘇、浙、閩、鄂、湘、贛、豫、皖、陝、甘各省政府，各行政督察專員，務循此旨，努力推進，並限於二十三年度以內，必須達到全部統一於省之階段。即或格於情勢，不得完全實行，而最底限度，亦必達到全部分別統一於區，一部份——如編制教育等項，統一於省，此改進保安制度之大略也。

各省保安制度改進大綱

二十三年七月二十二日頒發

第一章　總則

　　第一條　國民政府軍事委員會為改善各省保安制度，俾能執行憲兵警察職務，以保衛地方之安寧，並普及軍事教育，以確立徵兵制度之基礎起見，特制定本大綱。

　　第二條　各省保安團隊以達到國家管理為最終目的，其進行步驟應首先統一於縣，進而統一於區，再進而統一於省，其進度除規定於本大綱者外，得依各省實際情形，另以命令隨時定之。

第二章　名稱

　　第三條　省設全省保安司令，由軍事委員會委員長呈請國民政府任命各省政府主席兼充，在省政府中特設保安處，秉承全省保安司令之命，掌理全省保安事宜。保安處組織通則另定之。

　　第四條　省以下分區設立之保安機關定名為某某省第幾區保安司令部，其設有行政督察專員之省份全省已分設行政督察區者，應以專員所轄區域為保安區域。

　　第五條　縣保安機關定名為某某縣保安隊總隊部或大隊部，各視其所轄隊數規定甲乙兩種如次：

　　　　一、　甲種保安隊總隊部管轄九中隊以上；

　　　　二、　乙種保安隊總隊部管轄六中隊以上至

不足九中隊；

三、 甲種保安隊大隊部轄四中隊以上至不
足六中隊；

四、 乙種保安隊大隊部轄二中隊以上至不
足四中隊。

第六條　原隸省保安處之直屬部隊及各地方保安團
隊現已改隸而直屬於省者，概定名為某某
省保安團，以數字定其番號。

第七條　原隸區保安司令部之直屬部隊及各縣保安隊
現已改隸而直屬於區者，定名為某某省第幾
區保安團或保安隊，以數字定其番號。

第八條　縣轄部隊定名為某某縣保安隊，以數字定
其番號。

各省原用保安團及一切保安機關之名稱與
本大綱有抵觸者，應於本大綱施行後一個
月內一律釐正之。

第三章　編制

第九條　省保安處得設處長，副處長各一人，其組
織條例及編制表由各省政府自行擬訂，呈
候核定。

第十條　區保安司令部得設區保安司令，副司令各一
人，其組織條例及編制表由各省自行擬訂呈
候核定。但設有行政督察專員省份於各省行
政督察專員公署組織條例內規定之。

第十一條　縣總隊或大隊部及中隊編制如附表一、
二、三之規定。

第十二條　區保安團及省保安團均由三個保安大隊編
　　　　　成，每大隊轄四中隊，如有機關槍、迫
　　　　　擊砲等特種武器，應視其數量或各編一中
　　　　　隊，或合編一特務中隊，直屬團部，其各
　　　　　部編制如附表四、五、六之規定。

第十三條　各縣保安隊改編區保安團及各區保安團隊
　　　　　改編省保安團時，除照保安團編制編成若
　　　　　干保安團外，其不足一團數目者得另編成
　　　　　獨立大隊或中隊，其獨立大隊部之編制與
　　　　　縣保安大隊部之編制同。

第四章　指揮

第十四條　各省保安團隊依左列系統逐級管轄以監督
　　　　　指揮之：

　　　一、　全省保安司令。

　　　二、　各區保安司令或行政督察專員兼區保
　　　　　　安司令；

　　　三、　各縣縣長或區副司令兼總隊或大隊
　　　　　　隊長。

第十五條　依第二條規定之進度保安團隊已改隸而直
　　　　　屬於省者，仍應分區駐紮。區保安司令部
　　　　　對於駐在區內之團隊照常行使其指揮調遣
　　　　　之權。

　　　　　各縣保安隊已改隸而直屬於區或直屬於省
　　　　　者，各縣縣長或區副司令依各省地方情形
　　　　　得不以之兼任總隊長或大隊長，但駐在縣
　　　　　境內之團隊縣長仍有指揮權。

第十六條　戰時指揮除依前二條之規定辦理外，得隨
　　　　　時另以命令行之。

第五章　訓練

第十七條　保安團隊官佐訓練之課目如左：

　　　　　甲、政治訓煉

　　　　　　　　一、公民常識（中國歷史地理摘要及
　　　　　　　　　　國民對於國家社會之責任與其應
　　　　　　　　　　盡之義務），

　　　　　　　　二、黨義，

　　　　　　　　三、赤匪罪惡，

　　　　　　　　四、民眾自衛組織綱要，

　　　　　　　　五、農村建設概要，

　　　　　　　　六、新生活運動綱要及新生活須知，

　　　　　　　　七、國恥痛史，

　　　　　　　　八、軍人千字課，

　　　　　　　　九、其他；

　　　　　乙、軍事訓練

　　　　　術科

　　　　　　　　一、技術（國術刺槍體操），

　　　　　　　　二、射擊（預行演習實彈射擊），

　　　　　　　　三、制式教練，

　　　　　　　　四、戰鬥教練，

　　　　　　　　五、警戒勤務，

　　　　　　　　六、防空防毒臨時要務之演習，

　　　　　　　　七、行軍，

　　　　　　　　八、夜間教育，

九、 工作實施（除一般作業外並練
習碉寨之構築），

十、 其他；

學科

一、 步兵操典摘要，

二、 野外勤務摘要，

三、 射擊教範摘要，

四、 工作教範摘要，

五、 坑道作業實施，

六、 陸軍禮節摘要，

七、 防空防毒教範，

八、 軍隊內務條例摘要，

九、 體操教範摘要，

十、 軍警懲罰法令摘要，

十一、衛生摘要，

十二、步兵夜間教育摘要，

十三、游擊戰術，

十四、軍語釋要，

十五、旗語，

十六、偵探學，

十七、通信聯絡，

十八、目測，

十九、自衛新知摘要，

二十、練兵實紀與紀效新書摘要，

二一、警察服務須知，

二二、憲兵服務須知，

　　　　　　二三、其他。

　　　前項各種課目範圍得視官佐之程度適當增
　　　減之。士兵訓練課目可將甲項之五及乙項學
　　　科欄之五、十三、十四、十六、十八、十九
　　　等課目酌減之。

　　　無論官佐士兵之訓練均應以公民常識，新生
　　　活運動綱要，新生活須知，軍人千字課，警
　　　察服務須知，憲兵服務須知為最要課目，使
　　　能進為良兵，退為良民，並確立平時為地方
　　　憲警，戰時為國家徵兵之基礎。

第十八條　保安團隊之官長由行營特設教育機關訓練，
　　　　　但各省自設幹部訓練班，經軍事委員會核准
　　　　　者不在此限。

　　　　　班長由省保安處或區保安司令部訓練，隊
　　　　　兵就各隊內訓練。

第十九條　隊兵訓練之課程課本除由行營編定通飭採
　　　　　用外，關於官長之訓練由承辦機關參照第
　　　　　十七條之規定，自行編訂，呈候核定。

第二十條　各省保安團隊應澈底改造，劃定團管區，
　　　　　就區內壯丁重新徵集訓練，確定輪流服役退
　　　　　役之辦法。但在此過渡期間各省得視地方治
　　　　　安情形，暫將原有保安團隊之成績較優者酌
　　　　　抽幾分之幾，不分派尋常任務，使之專負訓
　　　　　練各地方壯丁隊之責，就各區或各縣徵集壯
　　　　　丁，於一定時期內輪流行之，由省主席兼全
　　　　　省保安司令擬訂全省訓練壯丁之實施計劃，

呈候行營核准施行。

前項壯丁隊訓練之最要課目亦依第十七條第三項、第四項之規定。

第六章　經理

第二一條　保安團隊官兵薪餉照陸軍餉章發給，但各省視地方財政情形必須減成支放者得規定最底限度，校官在五成以上，尉官在六成以上，士兵在七成以上，分別折發，並須全省一律，以免偏枯。

第二二條　各縣保安團隊之經費除依縣地方財政整理章程由縣財務委員會實行統收統支外，應即依前第二條之規定，再進而由區及省統一經理之。

第二三條　各縣保安團隊實行區的統一時，區保安司令部應附設區保安經費經理處及區保安經費稽核委員會，依左列辦法屬行區的統一經理：

一、　各縣原有之保安經費應按月解交區經理處統收統支。

二、　各縣團隊之額數及團款之徵收均應以全區為單位，斟酌轄區內各縣之治安情形及各該縣人民之負擔能力，質劑盈虛，妥為增減，重新統籌支配；

三、　各縣就地自籌不合法令之苛細收入應即照章廢止；

四、　官兵薪餉應按月由區經理處會同區稽

　　　　　　核委員會派員點名發放；

五、　所有預算決算應經區稽核委員會之審
　　　查，再呈請全省保安司令核定。

第二四條　保安團隊實行省的統一時，省保安處應附
　　　　　設全省保安經費總經理處及全省保安經費
　　　　　稽核委員會，各縣區原有之保安經費應一
　　　　　律解交全省總經理處統籌支配，所有保安
　　　　　團隊之預算決算應經全省稽核委員會之審
　　　　　查，再由全省保安司令呈請軍事委員會委
　　　　　員長核定之。關於團隊團款之增減，苛細
　　　　　收入之廢除；及官兵薪餉之發放，亦准用
　　　　　前條二、三、四各款之規定。

　　　　　前條區保安經費經理處暨區保安經費稽核
　　　　　委員會及前項全省保安經費總經理處暨
　　　　　全省保安經費稽核委員會之組織及辦事規
　　　　　程，由各省主席兼全省保安司令自定之，
　　　　　呈核行營查核。

第二五條　保安團隊所需之被服、裝具、炊具暨武器彈
　　　　　藥之補充修理，以及衛生醫藥之設備，在區
　　　　　統籌時，應由區保安令核實製發，造具計調
　　　　　書，連同各項表冊呈報全省保安司令查核；
　　　　　在全省統籌時由全省保安司令核實製發，造
　　　　　具計畫書，連同各項表冊呈報軍事委員會委
　　　　　員長查核；在剿匪期內武器彈藥如有不足
　　　　　時，並得呈請軍委會酌為補助。

第七章　人事

第二六條　保安團隊官佐之任免，除全省保安司令，保安處長、副處長，各區保安司令、副司令及其他已有特別規定者，應查照現行法令，分別辦理外，凡校官，尉官應依省統屬或區統屬之團隊，分別由保安處或區保安司令呈薦，由全省保安司令任命之，並呈報軍事委員會查核。

保安團隊之總隊長、大隊長、中隊長及分隊長除法定兼任者外，概以隸籍本省，曾在軍事學校畢業，或具有軍事學識經驗者充之，但遇本省籍中無適當之人員時，雖屬外省籍而在該部團隊中服務逾二年以上之下級幹部，如有勞績卓著，學術優良者，亦得擇尤暫請派署。

第二七條　保安團隊官佐士兵之獎懲，得適用陸海空軍各項獎懲法規辦理，但在剿匪區域之省份有特別規定者，應查照剿匪區內文武官佐士兵獎懲條例辦理。

第二八條　各省保安團隊之成績應依左列之規定定期或隨時校閱之；

一、區保安司令校閱；

二、全省保安司令校閱；

三、軍事委員會委員長校閱。

第八章　附則

第二九條　本大綱之施行細則由各省自定之，呈報軍

事委員會查核。

第三十條　本大綱自公布日施行，其施行省份另以命
令定之。

第卅一條　凡奉令施行本大綱之省份統限於文到之日起
一個半月內，依照本大綱規定改選之辦法與
程序，分別所屬保安團隊之現在情形，擬定
其改進之日期及分期之進度，呈報軍事委員
會南昌行營察核。

乙、保安機關之統一

　　二十三年七月既頒行各省保安制度改進大綱，首宜
正其名稱，齊其編制，因根據大綱第三條之規定，由行
營制定各省保安處組織通則，令發各省遵照，至辦事細
則，則令由各省自訂呈核，截至十月底止，據各省陸續
報告，保安處之改組均已次第遵行，惟湖南以主管人員
出境督剿，尚未辦理，而該省團隊成績，已達統一於省
之階段，改組之遲速，尚無鉅大關係，又陝西以有特殊
情形，不得不稍從延緩，予以整理之時間，故湘陝兩省
保安處之改組，均由行營准其展期辦理，至其他各省均
經遵照大綱，擬具進度期限，各項書表，步步改進，先
後呈報有案。但以各省情況不一，故期限或不能盡同，
然律以大綱所規定均尚符合。

各省保安處組織通則

二十三年八月一日頒發

第一條　本通則依據各省保安制度改進大綱第三條

訂定之。

第二條　保安處設處長一員秉承全省保安司令之命，綜理本處事務。

第三條　保安處設副處長一員，承長官之命，參贊掌管各項計畫，並襄助處長指揮監督本處一切事務之進行。

處長副處長由全省保安司令呈請軍事委員會委員長任命之，但該省如認為無設副處長之必要時，亦得暫緩設置。

第四條　保安處內設左列各室科：

1. 處長辦公室，

2. 第一科，

3. 第二科，

4. 第三科，

5. 第四科。

前項各科，各省得因事務之繁簡，呈請核准增減之。

第五條　處長辦公室設參謀、秘書各二員，譯電員、辦事員、書記各若干員，辦理辦公室一切事務。

第六條　各科各設科長一員、科員、辦事員、書記各若干員，辦理各該科一切事務。

第七條　各室科職掌如左：

一、處長辦公室

關於軍事計劃事項。

關於機要文電事項。

關於監印、校對、收發文件事項。

關於會議、紀錄事項。

關於不屬於各科事項。

二、第一科

關於保安部隊及民眾自衛組織之編練、整理、調查、獎懲事項。

關於保安部隊之作戰計劃，演習計劃，及校閱、點驗事項。

關於綏靖事項。

關於兵役之徵集退伍事項。

關於搜集情報，派遣偵探，及口令、信號事項。

關於部隊兵艦之調遣事項。

三、第二科

關於關防、鈐記、證章、符號、軍用證明書等事項。

關於人事登記及傷亡撫卹事項。

關於水陸交通及運輸事項。

關於衛生及軍醫院事項。

關於購置及庶務事項。

四、第三科

關於保安各部隊政治訓練之設計，及指導調查事項。

關於剿匪及其他保安要政宣傳材料之搜集，及編纂事項。

關於統計報告事項。

關於地方善後之設計事項。

關於軍法及盜匪案件事項。

五、第四科

關於經費之出納、稽核、保管，及編
造預算決算事項。

關於薪餉及犒賞、卹金，並臨時費
事項。

關於糧服械彈事項。

關於營造修繕事項。

前項各科職掌，如組織有增減變更時，
各省斟酌的實際情形，亦得量為更改之。

第八條　保安處為考察各區防務，及部隊訓練形，並
督促保甲自衛之進行，得酌設視察員若干，
隨時派赴各區視察，其視察規則及旅費由保
安處酌訂，呈報備核。

第九條　保安團隊實行統一於省時，保安處應附設全
省保安經費總經理處，及全省保安經費稽核
委員會，其組織及辦事章則，由保安處擬訂
呈報備核。

第十條　保安處對各機關行文，均以全省保安司令名
義行之。但遇有必要時，保安處長對於各區
保安司令，得逕用公函直商辦，以期迅捷。

第十一條　保安處服務細則，由保安處依據本通則自
行擬訂呈報備核。

第十二條　本通則自公佈日施行。

丙、團隊課本之編纂

　　比年以來，各省匪患潛滋，地方治安，極難維持，推原其故，實由於各省保安團隊之未盡得力；然欲整頓團隊，則非認真訓練不可。本行營為鞏固各省治安，永絕地方匪患起見，爰設一各省保安團隊課本編纂委員會，選派人員，妥為編訂，除軍事學術科外，注重公民常識、公共衛生、家庭衛生、本國原有領土、割地失地歷史、簡單史事、國旗、黨旗、總理遺囑，與灑掃應對、食衣住行、禮義廉恥之解釋，大約軍事學術科，佔總時間三分之二，其他佔三分之一，術科最注重射擊，對於公民常識、歷史、地理、農業、除蟲等，則規定於課餘時間，或星期日，約定名人或學者講演，並增入警察憲兵，暨防空防毒各課本，使團隊均略具警察與防空防毒等常識，現已編纂完竣，另組一審查委員會，分別審查，大約日內可以審畢，刊印令發各省應用。

保安團隊課本目錄

甲、政治訓練

　　　　一、公民常識

　　　　二、黨義

　　　　三、赤匪罪惡

　　　　四、民眾自衛組織綱要

　　　　五、農村建設概要

　　　　六、新生活運動綱要

　　　　七、國恥痛史

　　　　八、警察須知

　　　　九、軍人千字課

　　　　十、其他

　　乙、軍事訓練

　　　術科

　　　　一、技術（國術刺槍體操）

　　　　二、射擊（預行演習實彈射擊）

　　　　三、制式教練

　　　　四、戰鬥教練

　　　　五、警戒勤務

　　　　六、行軍

　　　　七、夜間教育

　　　　八、工作實施（除一般作業外並練習碉寨之構築）

　　　　九、其他

　　　學科

　　　　一、步兵操典摘要

　　　　二、步兵野外勤務摘要

　　　　三、步兵射擊教範摘要

　　　　四、步兵工作教範摘要

　　　　五、坑道教範摘要

　　　　六、陸軍禮節條例

　　　　七、軍隊內務規則

　　　　八、步兵夜間教育摘要

　　　　九、游擊戰術

　　　　十、體操教範

　　　　十一、衛生法及救急法摘要

　　　　十二、偵探學

民國史料 23

南昌行營：
政治工作報告（一）

Generalissimo's Nanchang Field Headquarter:
Political Reports, Section I

編　　者　民國歷史文化學社編輯部
總 編 輯　陳新林、呂芳上
執行編輯　林弘毅
文字編輯　王永輝
排　　版　溫心忻、盤惠秦

出 版 者　🛡 開源書局出版有限公司
　　　　　香港金鐘夏慤道 18 號海富中心
　　　　　1 座 26 樓 06 室
　　　　　TEL：+852-35860995

　　　　　民國歷史文化學社有限公司
　　　　　10646 台北市大安區羅斯福路三段
　　　　　　　　37 號 7 樓之 1
　　　　　TEL：+886-2-2369-6912
　　　　　FAX：+886-2-2369-6990

銷 售 處　源流成文化股份有限公司
　　　　　10646 台北市大安區羅斯福路三段
　　　　　　　　37 號 7 樓之 1
　　　　　TEL：+886-2-2369-6912
　　　　　FAX：+886-2-2369-6990

初版一刷　2020 年 5 月 31 日
定　　價　新台幣 300 元
　　　　　港　幣　80 元
　　　　　美　元　11 元
Ｉ Ｓ Ｂ Ｎ　978-988-8637-67-6

版權所有・翻印必究
如有破損、缺頁或裝訂錯誤
請寄回銷售處更換